Mike Darren

Van overvaller tot huisvader

Van Overvaller tot huisvader

Copyright © 2014 Mike Darren
Auteur: Mike Darren

Druk: Schrijverspunt Clusteruitgeverij
Omslagontwerp: A.S. Smith
Vormgeving binnenwerk: A.S. Smith

Autofictie
ISBN 978-94-6266-021-2

NUR 400
http://www.clusteruitgeverij.org

Voor Angel, Dani, Dusty, Davey en Mikey

De mensen die mij weer mens maakten.

1

Met een gigantische koppijn pakte ik een borrel met ijs uit de minibar die in de hotelkamer stond waar Isa en ik onze intrek in hadden genomen. Het is augustus 2004, een bloedhete maand in het midden van een hittegolf. De digitale klok dat op het nachtkastje stond gaf 03:33 aan. Ik had die nacht iemand op een parkeerplaats beroofd van de winst die hij had gemaakt tijdens een avondje gokken en we besloten na een half uurtje rondrijden te kiezen voor de nachtrust.

We boekten die nacht een comfortabele kamer, voorzien van een bad en douche waar ik dankbaar gebruik van maakte omdat ik na die beroving onder het bloed zat. "Denk je dat hij dood is?" vroeg Isa nadat ik uit de badkamer kwam om een flesje deodorant uit een plastic tas te pakken. Geïrriteerd keek ik haar aan.
"Zou jou dat wat interesseren?" vroeg ik terwijl ik de deodorant op mijn oksels spoot.
"Nee, maar ik bedoel..."
"Wat bedoel je Isa?!"
"Laat maar..." zei ze zonder op te kijken.

Ik bleef een tijdje in het geopende raam naar de stadslichten van Arnhem kijken en nam de plannen voor de volgende ochtend nog eens in gedachten door.
De volgende dag zou ik een paar werkoveralls en bivakmutsen ophalen in Nijmegen en daarna doorrijden naar Tiel voor een ontmoeting met een paar criminele vrienden waar ik een afspraak mee had. In het dorp waar Flipje (van de jam) zijn oorsprong heeft, hadden we onze ogen

laten vallen op een supermarkt die qua locatie perfect was om te pakken. Deze overval zouden we met gemak plegen. De voorbereidingen waren getroffen, de vluchtauto's stonden op de plek waar ze moesten staan en de vluchtroute wist onze chauffeur met zijn ogen dicht te rijden als dat nodig zou zijn. Zelfvoldaan en gerust sloot ik het raam en ging naast Isa liggen die inmiddels al in dromenland was gearriveerd en ook ik was niet lang daarna in een diepe slaap verzonken.

Een paar uur later opende ik mijn ogen alweer na een korte nachtrust. Het was nog vroeg in de ochtend toen ik een douche nam en besloot nog wat tv te kijken voordat we vertrokken. Het ontbijtnieuws stond op en ik realiseerde me dat de cameramensen en verslaggevers waarschijnlijk over een paar uur in de richting van Tiel zouden rijden om verslag te doen van een gewapende overval op een supermarkt. Ik stopte mijn vuurwapen, een Beretta M9, tussen mijn broekband en trok een witte bloes aan. "Schiet godverdomme eens op wil je ?" schreeuwde ik naar de badkamer. Isabella, die ik altijd Isa noemde, stond al een kwartier te douchen en zorgde voor stress in mijn strakke schema voor die dag.

Isa was een soort van vriendin waar ik in alle mogelijke manieren gebruik van maakte. Ze was chauffeuse, koerier, telefoniste, sekspartner en noem zo maar op. Ondanks haar vurige karakter en onze turbulente relatie was zij een constante factor in mijn leven en maakte ze deel uit van alles wat ik ondernam.
Een andere keus had ze niet want ze wist te veel van me en daarom hield ik haar in een psychische wurggreep. Ondanks haar pogingen tot protest deed ze wat ik haar opdroeg, ze wist

zelf ook dat ze uiteindelijk aan het kortste eind trok. Als zij genoeg geld in haar zak had was ze geen probleem en genoot ze er wel van om deel uit te maken van mijn wereld. We sloten de deur van onze hotelkamer en pakten de lift naar beneden. Eenmaal beneden besloten we om een kop koffie te drinken in de koffiebar die naast het restaurant in het hotel gevestigd was. Ik bestelde een dubbele espresso en ging in mijn gedachten alle voorbereidingen nog een keer na die we getroffen hadden om deze klus tot een succes te kunnen maken. Over het algemeen had ik wel wat last van gezonde zenuwen in de laatste uren voordat we in actie kwamen, maar deze klus leek voor mijn gevoel zo simpel dat ik rustig kon genieten van mijn koffie en de ochtend.

Ik betaalde de koffie en de hotelrekening en zonder een fooi te hebben gegeven liepen we naar de uitgang van het hotel. De schuifdeuren openden zich en een verrassend hete lucht sloeg in mijn gezicht, de koelte van de airco in het hotel maakte plaats voor de hitte buiten. Het was warm, en het zou die dag nog veel warmer worden. We liepen de parkeerplaats op naar de personenauto van Isa waarna ik plaats nam op de passagiersstoel van de bolide en stopte daarna mijn vuurwapen in het handschoenenkastje, zitten met een pistool in je broekband gaat op een gegeven moment zeer doen aan de lies, zo is mijn ervaring. Ik deed mijn gordel om en we reden weg, de dag was begonnen.

We namen de John Frostbrug over de Rijn richting Arnhem-Zuid, de plek waar ik vanaf mijn 14de jaar woonde en wat ook de bakermat van mijn criminele loopbaan is.
Onderweg kwamen we een vriend tegen die wij oppikten en een lift gaven naar Malburgen-Oost, de wijk die ik op dat

moment beschouwde als mijn thuisbasis. Na een kort gesprek voor zijn flat namen we afscheid en vervolgden we onze weg richting Nijmegen om de benodigde spullen voor de op handen zijnde overval op te halen..

Het was ondanks het vroege tijdstip, het was nog geen zeven uur in de ochtend, broeierig heet. De enigszins verkoelende lucht dat via het portierraam naar binnen waaide maakte het ietwat draaglijk.
"Gaat het wel met je?" vroeg ik aan mijn chauffeuse.
"Is er iets? Je bent zo stil en afwezig".
"Ik ben een beetje zenuwachtig, laat me maar" antwoordde ze.
"Maak je niet druk, dit gaat wel goed oké? zei ik nadat ik haar over haar wang had gewreven.

Om de afslag richting de snelweg naar Nijmegen te kunnen nemen moesten wij eerst een stuk door Arnhem-Zuid heen rijden. We passeerden winkelcentrum Kronenburg en besloten om bij de Esso te tanken voordat we de afslag richting Nijmegen zouden pakken.
Toen ik in de shop betaald had voor de benzine en naar buiten liep viel het me op dat het verdacht rustig was op de weg. Er reden geen auto's meer en dat was vreemd op een warme dag omdat deze weg een doorgaande weg was naar een recreatiegebied waar veel gezwommen werd. Ik vond het vreemd maar schonk er verder geen aandacht aan.
Ik sloeg het portier achter me dicht en we vervolgde onze weg de kronenburgsingel op.
In de auto keek ik in de achteruitkijkspiegel en zag geen weggebruikers achter me, ook links en rechts was de weg

compleet uitgestorven.

"Vind je dit niet vreemd schat?" vroeg ik terwijl ik op het dashboard leunde om een goede blik op de weg te werpen. In plaats van antwoord te geven, drukte ze het gaspedaal in en reed naar het nabijgelegen kruispunt waar we moesten stoppen voor het rode licht.

Ik keek naar links een zijweg van de singel in en zag een groep mensen in de verte bij elkaar staan, ook zag ik een stroom auto's in de bocht van die zijweg stilstaan. Toen besefte ik dat het kruispunt was afgesloten.

Op het moment dat het voor mij tot een keiharde conclusie kwam dat het helemaal fout zat gebeurde het snel, heel snel. De eerste auto die ik zag was in de achteruitkijkspiegel van onze auto. In een fractie van een seconde volgden er twee andere auto's die met piepende banden voor onze auto stopten. Voordat ik het wist was onze auto omsingeld door mensen met bivakmutsen en vuurwapens. Eerst dacht ik aan een actie door andere criminelen, maar die gedachte werd al snel verdreven doordat ik een politiebusje en 2 politieauto's achter de andere politiewagens zag parkeren.

Met getrokken wapens op beide portieren gericht moesten we onze handen uit de ramen steken en kort daarna werden de deuren opengetrokken en werd Isa uit de auto getrokken. Ik wilde mijn gordel losmaken zodat ik ook in staat zou zijn om uit te stappen, maar voordat ik ook maar een vinger op de gordel kon leggen kreeg ik een klap in mijn gezicht en werd ik de auto uitgetrokken. Die klap kreeg ik omdat ze dachten dat ik een vuurwapen wilde pakken in plaats van de gordelklik, zo bleek later. Ik lag op de grond, het asfalt brandde aan mijn gezicht en mijn mond werd gortdroog.

Ik werd geboeid achter mijn rug en daarna omhoog getild

waarna ik tegen de auto werd gesmeten. Vervolgens kreeg ik iets om mijn hoofd geschoven waarna ik niks meer kon zien en de wereld inktzwart werd, daarna werd ik gefouilleerd.

Mijn hoofd bonkte en hoorde verschillende mensen onverstaanbare dingen schreeuwen.

"We hebben een tip gekregen dat je een vuurwapen bij je draagt, waar is het?", hoorde ik een vrouwenstem zeggen. Gedesoriënteerd zweeg ik terwijl ik probeerde te begrijpen wat me overkwam.

"Waar is je wapen?!" schreeuwde een man terwijl ik bij mijn schouders werd gepakt.

"Mijn wapen ligt in het handschoenkastje" antwoordde ik.

"Is het doorgeladen?"

"Nee"

"Heb je nog andere wapens in de auto?"

"Nee"

"Oké, breng hem weg en stuur TR" hoorde ik de man zeggen waarna ik werd opgetild en op de achterbank van een auto werd gezet. Nog geen tien seconden later voelde ik de auto optrekken en de rugleuning in mijn rug drukken.

We waren gearresteerd door een arrestatieteam en ik had sterk het vermoeden dat ik niet naar Disneyland werd vervoerd op dat moment.

Ik werd vervoerd naar het politiebureau in Arnhem-Noord. Van Isa had ik niks meer gehoord of gezien en eerlijk gezegd interesseerde me dat ook niet zoveel. Ik werd uit de auto gehaald en in een lift gezet die omhoog ging richting het cellencomplex die het bureau pas had laten renoveren. Ik had de twijfelachtige eer om mijn mening te geven over de gebruikte kleuren verf.

Eenmaal binnen kreeg ik mijn zicht weer terug van oom agent. Het felle licht van de tl buizen prikte in mijn ogen en ik had verschrikkelijke dorst en een bonkende hoofdpijn. Ik werd geregistreerd en een kamer ingeleid waar ik nog nogmaals gefouilleerd werd. Mijn persoonlijke bezittingen werden in een plastic zak gestopt en verzegeld. Daarna werd ik vriendelijk doch dringend verzocht om plaats te nemen in cel 12 achter in de gang. Het was een lange gang met aan beide zijden celdeuren en aan het einde een deur die uitkwam op de luchtplaats van het cellencomplex. Ik moest mijn schoenen uitdoen en mijn riem afdoen. Dit om te voorkomen dat ik mezelf zou verhangen. In een politiebureau, ik zou er nog niet dood gevonden willen worden.

De deur sloeg achter me dicht en ik nam de pas geverfde ruimte in me op. Er was niets veranderd aan de cellen sinds de vorige keren dat ik er logeerde. Er lagen een paar tijdschriften. Ik keek of er een Donald Duck tussen zat maar ik vond alleen Mijn Geheim en de Margriet tussen de stapel. Ik berustte me in het feit dat ik de komende dagen alleen verhalen zou gaan lezen over onzekere huismoeders en de nieuwste recepten van Sonja Bakker, niet onbelangrijk, want een beetje crimineel denkt natuurlijk aan zijn gewicht.

Een paar uur later werd ik voor 3 dagen in verzekering gesteld en weer een paar uur na die mededeling werd mijn 'diner' gebracht. Een magnetronmaaltijd andijvie met een gehaktbal. Mijn arrestatie had mijn eetlust behoorlijk verpest dus ik liet het staan. Ik las nog een verhaal over een vrouw met een lastige stiefzoon in Mijn Geheim en besloot om te proberen wat te gaan slapen. Rust doet wonderen met een mens en in mijn geval had ik wel wat rust nodig om weer helder na te kunnen denken.

De dag was niet verlopen zoals de bedoeling was. Ik nam een flinke slok van het water dat ik in een plastic jerrycan geserveerd had gekregen en ging liggen. Ik sloot mijn ogen en zakte al snel weg in een diepe slaap, ondanks dat het matras keihard was.

Ik werd wakker van de dichtslaande luiken in de celdeuren. Die luiken zitten in het midden van de celdeur en worden gebruikt om eten door te geven of om bij gevangenen de handboeien om te doen of los te maken. "koffie of thee" vroeg een arrestantenverzorger aan me door het luik. Ik besloot dat ik wel een kop koffie kon gebruiken en vroeg om extra suiker. Mijn ontbijt was een zakje brood met een extreem klef stukje kaas dat ik tegen het plafond aangooide waarna het bleef plakken. Ik dronk mijn koffie op en telde de seconden op die verstreken totdat het plakje kaas los zou laten.

Een verveeld mens is in staat tot wonderlijke en creatieve manieren om zichzelf te vermaken realiseerde ik me. Even later mocht ik mezelf opfrissen. Dat gebeurde in een soort van doucheruimte dat was voorzien van een stalen wasbak dat me deed denken aan een watertrog voor varkens op een boerderij. Ik kreeg een tandenborstel in mijn hand gedrukt waarna de arrestantenverzorger zo vriendelijk was om er een dot tandpasta op te smeren. Daarna mocht ik luchten in de luchtkooi van het arrestantencomplex.

De stalen deur werd opengedaan waarna ik een vuurtje van de arrestantenverzorger kreeg, wat zijn het toch vriendelijke mensen.

De deur werd achter me dichtgegooid en ik bekeek de plek

die ik in de afgelopen jaren al zo vaak had gezien. Er was niks veranderd, kennelijk hadden ze de boel tot aan de deur gerenoveerd. Het was niet meer dan een bakstenen ruimte die in halve maan vorm gemetseld was. 4 meter hoog en in plaats van een dak zaten er tralies. Links en rechts zaten camera's in de vorm van zwarte bollen, de vloer was van beton. Overal lagen peuken van arrestanten die net zoals ik een kwartiertje mochten genieten van nicotine en een geweldig uitzicht op de lucht. Talloze teksten, namen en datums waren gekrast in de muren.

Ik nam een trek van mijn sigaret en ging op de grond zitten, met mijn rug tegen de muur. En zo voelde ik me ook, ik zat in de problemen en ik wist dat ik voorlopig niet meer vrij ging komen. Ik verschoof naar een hoek die door de zon werd beschenen en voelde de warmte op mijn gezicht. Ik sloot mijn ogen en besloot een terugblik op mijn leven te nemen.

2

Het eerste deel van mijn jeugd heb samen met Dennis, mijn
jongere broer, in Amsterdam West doorgebracht. Oud West
om precies te zijn. De Overtoom, het Paramariboplein en het
Surinameplein waren de drukke maar voor ons veilige plekken
waar we op straat ravotten en kattenkwaad uithaalden.

In de jaren 80 speelden kinderen nog op straat in plaats van
verzadigd te worden door elektronisch speelgoed, ik denk met
weemoed doch met enige trots terug aan die tijd.
We woonden in een bovenwoning in de Van Renselaerstraat.
Als we de straat uitliepen kwamen we op een schoolplein
terecht met een gebouw dat ooit als school diende, maar toen
dienst deed als de plaatselijke coffeeshop.
Ik herinner me een gigantische boom op het midden van het
plein en direct daarnaast een huisje dat de omgeving van
energie voorzag.
Ik kom uit een arm gezin, onze moeder heeft altijd haar best
gedaan om ons te geven wat in haar macht lag, maar het
waren vaak barre tijden. De straat was ons speelgoed.

Mijn vader was een beroepscrimineel die ons verliet toen ik 4
jaar was. Er was een stiefvader, maar ik heb nooit met de
man op kunnen schieten. Dennis en ik waren altijd aan het
stelen en vechten op straat, etterbakkies eerste klas dus,
maar we hadden elkaar en dat was genoeg.
Tegen de tijd dat ik 12 jaar was besloot mijn moeder om te
gaan verhuizen. De buurt was in die periode een geliefde
verzamelplaats van drugsdealers en junkies. Nadat mijn
stiefvader een pistool op het hoofd kreeg gedrukt van de

onderbuurman besloot mijn moeder om te gaan verhuizen. Ze was inmiddels bevallen van Jeffrey, mijn halfbroertje.
Met deze jongen heb ik nog steeds goed contact, hij is inmiddels volwassen en is een schat van een kerel. Hij is zo'n persoon waar je simpelweg geen ruzie mee kan krijgen. Tot op de dag van vandaag zijn mijn jongere broers een constante factor in mijn leven.

We verhuisden naar Arnhem, naar een benedenwoning van het herenhuis dat eigendom was van mijn grootouders. Niet lang daarna kregen we een huurwoning toegewezen in de wijk Het Broek, in die tijd een beruchte wijk in Arnhem. Daar kregen we te maken met burenruzies die een ultiem hoogtepunt bereikte doordat mijn moeder in elkaar werd geslagen door een buurman.
We verhuisden opnieuw, dit keer naar Arnhem Zuid. In dat huis woont mijn moeder tot op de dag van vandaag, zij en mijn stiefvader zijn al jaren uit elkaar. Met beiden heb ik momenteel om verschillende redenen geen contact meer.

Inmiddels was ik 16 jaar en ging om met criminelen die ouder waren dan mij, vuurwapens droegen en pakken met geld bezaten. Ik was onder de indruk van de macht die deze jongens uitstraalden en de mooie kleren en spullen die ze bezaten. Ik wilde graag bij deze groep horen en zorgde ervoor dat ik opviel door mijn stempel te drukken op de wijk.

Mijn moeder had in die tijd een financieel geschil met een kennis. Ik was er al een paar keer aan de deur geweest om betaling af te dwingen, maar ik kreeg elke keer een ander excuus te horen.
Ik was jong en nieuw in de wijk en wilde een gewelddadige

reputatie opbouwen waarmee ik in de schijnwerpers zou komen te staan van de jongens waar ik toen zo tegenop keek. Die ruzie tussen mijn ouders en die kennis leek me een prima begin.

Gewapend met een aluminium honkbalknuppel en een paar bakstenen liep ik op een donderdagavond naar het rijtjeshuis toe waar ze woonden. Ik had een paar honderd meter verderop mijn scooter klaar gezet bij de flatwoning van mijn toenmalige vriendin, een paar dagen daarvoor had ik een geluidsinstallatie in die scooter gebouwd. Het was donker binnen maar zag wel licht branden in een slaapkamer boven. Ik liep om het huis heen, een steeg in. In die steeg zaten de tuindeuren die uitkwamen op de tuin van de bewoners. Ik klom over de schutting de tuin in van deze mensen, stak een sigaret op en keek naar binnen. De woonkamer was verlaten maar ik zag een gloed van licht in het trapgat. Die lafaards zijn boven, dacht ik. Ik pakte een baksteen en gooide deze dwars door de ruit van de woning, een hels kabaal van glasgerinkel was het gevolg. Vervolgens pakte ik de honkbalknuppel en sloeg de rest van het raam aan diggelen waarna ik het raam van de keuken en keukendeur erbij insloeg. Ik sprong door het kapotte raam naar binnen en heb de gehele woonkamer verbouwd. Het beeldscherm van de televisie ontplofte toen ik de knuppel er tegen aan sloeg, de eettafel brak doormidden en alle vitrinekasten sloeg ik aan puin. Daarna nam ik een sprint naar boven om de bewoners aan te pakken, maar ze hadden zichzelf opgesloten in de badkamer. Ik deed een poging om de deur in te trappen totdat ik de politie hoorde aankomen. Ik rende naar beneden en pakte een

eikenhouten salontafel beet. Ik kan me nog herinneren dat de
tafel was versierd met delfts blauwe tegels. Ik tilde de tafel op
en gooide hem door de voorruit van de woning. Het overige
glas sloeg ik weg met de knuppel en sprong naar buiten.
De hele straat stond vol met mensen die nieuwsgierig op het
geweld afkwamen en sprongen opzij toen ik dwars door de
menigte wegrende in de richting van de flat van mijn
toenmalige vriendin. Daar pakte ik mijn scooter en reed weg
naar Elderveld, een wijk achterin Arnhem Zuid.
Ik wist dat ik op dat moment gezocht werd, dus nam van mijn
laatste vrije ogenblikken gebruik om een ijskoud biertje te
kopen in een snackbar in die wijk. Toen ik de cafetaria inliep
zag ik dat er met veel belangstelling naar me gekeken werd
door de aanwezige klanten. Ik bestelde een blikje Heineken bij
de pokdalige jongen die achter de toonbank stond, die ik
aangereikt kreeg door zijn trillende hand. Toen ik het blikje
aanpakte zag ik het. Mijn handen zaten onder het bloed. Ik
keek naar mijn spiegelbeeld in een van de spiegels en ook de
rechterkant van mijn gezicht zat onder de bloedspetters.
De mensen in de snackbar zullen ongetwijfeld gedacht
hebben dat ik kort voor het bestellen van mijn biertje iemand
gruwelijk had afgeslacht. Ik pakte het blikje aan en vertrok
zonder te betalen.

Ik reed het nabijgelegen Immerloo park in en ging op een
bankje zitten. Ik trok mijn blikje bier open, zette het op het
bankje en liep naar een lantaarnpaal om eens een goede blik
te werpen op mijn handen, want kennelijk had ik ergens één
of meerdere sneden zitten. Ik had inderdaad mijn beide
handen opengehaald.
Ik dronk mijn blikje leeg en besloot om terug te rijden naar het

huis van mijn moeder, waar ik op dat moment nog woonde. Ik wist dat ik opgewacht zou worden door oom agent dus ik had een passend liedje opgezocht dat ik zou gaan draaien als ik de straat in reed.
Op het moment dat ik de straat in reed werd ik vrijwel meteen klemgereden door een overmacht aan blauwpakken. Ze schreeuwden vragen over hoe de muziek van mijn scooter uit kon, maar ik zei niks en liet me met een glimlach op mijn mond arresteren terwijl de hele straat kon genieten van een liedje van Public enemy, genaamd Cop Killer.

Dit was de eerste keer dat ik een politiecel van binnen zag. Na een paar dagen kwam ik vrij en ging ik rechtstreeks terug naar de buurt. Samen met een groep jongens zijn we in de weken daarna op rooftocht gegaan. We sloegen mensen van de fiets af en beroofden ze. Middenin drukke winkelcentrums sloegen we mensen in elkaar met knuppels en pakte gloednieuwe scooters af van leeftijdgenoten.
In één geval van een straatroof heb ik een man waar ik mee in gevecht raakte neergestoken, ik las later in de krant dat hij het had overleefd.

Dit was het begin van alles, het begin van alle ellende dat ik zou gaan veroorzaken, het begin van vele slachtoffers die ik zou gaan maken en het begin van het einde. Het leven draait naar mijn mening om keuzes maken, doordachte keuzes maken. De naïeve crimineel in wording stond op het punt om een donkere zijweg in te slaan.

3

Mijn gewelddadige reputatie in de wijk bleef niet onopgemerkt.
Ik kwam in contact met Chico. Deze jongen was halverwege
20 en reed in een hagelwitte BMW. Zijn zwarte haar was kort
opgeschoren en had altijd een colbert aan, zelfs in de zomer.
Als je aan de term 'snelle jongen' denkt dan voldoet hij prima
aan dat profiel.
Chico dealde in alles wat je een verdovend middel kon
noemen. En hij had altijd veel geld op zak. Bij deze man moet
ik in de buurt blijven, zo dacht ik.
Nadat we een tijdje met elkaar omgingen gaf hij me een
vuurwapen. Met dat gereedschap voelde ik me oppermachtig
en mijn arrogantie steeg met de dag, ik keek erg tegen Chico
op. We reden op een dag naar de Korenmarkt, het
uitgaansgebied in Arnhem. Hij parkeerde de auto waarna we
naar een eetcafé liepen.
"Begrijp jij dat nou ?" zei hij terwijl hij naar een mollige vrouw
wees die voor een etalageruit stond te kijken.
"Dan ben je verdomme zo dik en dan nog presteer je het om
je in een spijkerbroek te hijsen, ik vraag me af of ze daar hulp
bij krijgen.."
Glimlachend gooide hij de peuk van zijn sigaret in de richting
van de vrouw waarna we het café binnenliepen.
Ik bestelde een biertje bij de rondborstige serveerster en hij
een wodka-cola.
"Luister kameraad, je moet vanavond met me mee. Je kan er
een paar leuke knaken mee verdienen dus het zou stom zijn
als je zou weigeren, niet dan ?" Zei hij waarna hij een slok van
zijn drankje nam.
Hij vertelde me dat hij die avond een ontmoeting had met een

man die op grote schaal handelde in xtc pillen, Chico zou een partij van 100.000 stuks afnemen en hij vroeg mij of ik erbij wilde zijn om zijn rug te dekken. Hij kende de man pas kort en wist niet zeker of hij te vertrouwen was. Alleen voor mijn aanwezigheid kreeg ik al 500 gulden.

Ik was op dat moment net 19 geworden en voor mijn gevoel was er niemand die mij in de weg zou zitten als ik iets wilde bereiken. Als dat wel zou gebeuren dan zou ik dat met grof geweld oplossen. Ik sprak met hem af dat we elkaar diezelfde avond zouden treffen in een coffeeshop in het centrum van Arnhem.

Onze wegen scheidden zich en ik liep naar de Appie voor een croissant en een six-pack Heineken. Het was koud buiten, het was begin december 1998 en het vriespunt was al ruimschoots bereikt. Maar ik vond de kou wel verfrissend en besloot aan de waterkant van een klein meertje midden in het centrum te gaan genieten van mijn croissantje.
De kwaliteit was zeer slecht, ik vermoedde dat het broodje er al de hele dag had gelegen. Hongerig gooide ik het in het water, hopend dat ik geen arm eendje had geraakt want die zou dan zeker een gat in zijn kopje hebben gehad.

Die avond was ik al vroeg in Happy Days, zo heette de coffeeshop waar we onze afspraak hadden. De plek had een kelder waar je ongestoord en rustig kon genieten van een blowtje en een kop koffie.
Een kwartier te laat kwam Chico binnen, we dronken een kop koffie en vertrokken naar de parkeerplaats waar zijn auto stond. De ontmoeting tussen ons en Peter, (de man waar we de afspraak mee hadden) vond plaats in zijn eigen kroeg. Het

was een kleine kroeg, zo bruin als het maar zijn kon. Het interieur en de inrichting deed me denken aan een taveerne zoals je die vaak ziet in piratenfilms.

Peter stond achter de bar, Het was een beer van een kerel met een gigantische bierbuik en handen zo groot als pannenkoekborden. Hij had een witte bloes aan en was zo goed als kaal, op een paar trotse plukjes haar op de achterkant van zijn hoofd na.

Aan de bar zat een man in een Kappa trainingspak. Het was duidelijk dat hij vaak in de sportschool verbleef en zijn hoofd kaal schoor, zo concludeerde ik, omdat er kleine snij wondjes zichtbaar waren. Het viel me op dat hij nette schoenen onder zijn trainingspak droeg.

Ik ging aan de bar zitten en kreeg zonder het te vragen een halve liter pul bier onder mijn neus geschoven. Peter deed de deur van de kroeg op slot wat ik logisch vond omdat er dingen gedaan zouden worden die niemand wat aanging. Maar ik voelde me er ook niet echt gemakkelijk bij.

Chico legde daarna een zwarte tas op de bar waar hij een schoenendoos uit haalde. Peter liep de keuken van de kroeg in en kwam terug met een Big shopper van de C1000 supermarkt. Ik stond op van mijn kruk en ging rechts van Chico staan. De anabolenfreak waarvan ik de naam niet kende zat 3 krukken verwijderd links van Chico.

Op een gegeven moment, als donderslag bij heldere hemel gooide Peter een glas bier naar Chico toe, greep de tas en de schoenendoos van de bar en dook weg terwijl hij schreeuwend Charlie ! Charlie ! Pak ze godverdomme ! riep. De anabolenfreak trok daarop een vuurwapen en richtte dat op ons. Mijn hart ging als een razende tekeer.

Ik trok Chico met mijn linkerhand aan de kraag van zijn colbert naar achteren, trok mijn pistool uit mijn jaszak en haalde minstens 5 keer de trekker over terwijl ik mezelf op de grond liet vallen. Het vuurwapen ging niet af ! Ik hoorde alleen geklik. Op dat moment dacht ik echt dat ik een paar kogels van de tegenpartij ging ontvangen, maar die bleven uit. In plaats daarvan hoorde ik een gebulder van gelach achter de bar vandaan komen en voor het eerst sinds ik de kroeg binnenstapte zag ik een glimlach op het gezicht van anabolen Charlie.

Ik stond op en was verbijsterd. "Wat is hier aan de hand ?" vroeg ik hijgend terwijl ik opstond. Chico vroeg me om op een barkruk te gaan zitten, wat ik volgzaam deed.
De adrenaline pompte nog steeds als een orkaan door mijn systeem. Charlie ging naast Peter achter de bar staan en tapte een paar biertjes. Chico ging naast me op een kruk zitten en legde een hand op mijn schouder, "maak je niet druk" er is niets aan de hand.
Ik kreeg een tapbiertje Heineken in mijn hand gedrukt en vroeg Chico wat daar de bedoeling van was. "Dit was een test kerel, we wilden je testen" zei hij lachend terwijl hij met zijn knokkels op de bar tikte. Op het moment dat hij die woorden uitsprak werd het zwart.
Ik pakte hem wederom aan zijn kraag vast en gaf hem een kopstoot die meteen gevolgd werd door een klap in zijn gezicht. Hij viel van de barkruk af waarna ik bovenop hem sprong en mijn vuurwapen op zijn linker oogkas drukte.

Ik was woedend ! Het enigste wat hij deed was lachen. "Er zitten geen kogels in man, zei hij lachend." Charlie pakte me stevig bij mijn arm vast en dirigeerde me terug naar mijn barkruk. "maak je niet druk" zei hij. "Vanaf nu ga je geld verdienen."

Toen ik een paar flinke slokken van mijn bier had genomen liep ik naar het toilet van de kroeg. Het was een klein maar schoon toilet, de toiletbril was aan een zijde kapot, maar verder was het er fris. Ik piste met opzet over de bril, vraag me niet waarom. In een tussenruimte hing een kleine wasbak met een aluminium spiegel. Ik keek erin en zag dat mijn gezicht flink bezweet was. Ik pakte wat papier en veegde mijn gezicht schoon waarna ik de kraan opendraaide, mijn gezicht een opfrissing gaf en opnieuw met papier mijn gezicht afveegde. Ik liep terug naar de bar en ging zitten. "Je bent me uitleg verschuldigd Chico" zei ik voordat ik een slok van mijn bier nam.

Peter gaf antwoord. Hij vertelde me dat Chico zijn neef is en hij degene is geweest die dit bizarre toneelstukje had bedacht. Peter kwam achter de bar vandaan en kwam rechts naast me op een barkruk zitten.
Hij vertelde me dat hij veel mensen was tegengekomen die zich voordeden als harde kerels, maar hun ware slappe karakter toonden als het erop aankwam. Met dit toneelstukje wilde hij zien of ik daadkrachtig genoeg was.
Hij drukte me 5 briefjes van honderd gulden in mijn hand. "zoals afgesproken" zei hij.
Vanaf dat moment werkte ik voor Peter. In de eerste periode bracht ik kleine hoeveelheden cocaïne en xtc pillen op afspraak naar afnemers. Vaak samen met Chico, maar naarmate ik de afnemers wat beter leerde kennen kwam het ook voor dat ik alleen ging. Het was simpel werk en ik kreeg er goed voor betaald dus vond het allemaal wel prima. Het

makkelijke leven en het snelle geld werd al snel een verslaving die net zo hard groeide als mijn egoïsme.

4

Ik zat op een avond thuis een film te kijken toen ik werd
gebeld. Het was anabolen Charlie, hij vroeg me om naar zijn
huis te komen. Hij woonde destijds in een
appartementencomplex boven een kebabzaak. Hij had een
gigantische hekel aan alles wat moslim was, maar hij kende
de eigenaar wel bij zijn voornaam en was er vaste klant.
Het was een twee kamer appartement, bij binnenkomst lag
meteen rechts de keuken en meteen links het toilet. Het einde
van de gang kwam uit in de huiskamer. In de huiskamer zag ik
een deur die ongetwijfeld uitkwam in de slaapkamer. De
inrichting was sober, meer dan een kast met een televisie,
een salontafel en een bankstel stond er niet. Er hingen wat
foto's van zichzelf aan de muur waardoor ik meteen de
conclusie trok dat Charlie aan het adonis complex leed.
Hij had 1 muur kanariegeel geverfd, wat ik vreemd vond.
Op de salontafel lag een spiegel met wat coke erop en een
vuurwapen. Verder stond er een asbak die overvol was en
een half leeggedronken fles Bacardi.

Charlie heeft zichzelf flink vermaakt vannacht, dacht ik bij
mezelf. Het zou me niks verbazen als er een pornofilm op tv
verschijnt als ik de dvd speler aandruk. Hij ging op de bank
zitten, ik bleef staan. Hij vertelde me dat hij een probleem had
met een man die hij liefkozend 'die stinkturk' noemde. Ik vroeg
mezelf af hoe je een probleem kan krijgen met iemand waar je
jezelf niet mee in laat omdat je een hekel aan 'zijn soort' hebt,
Maar besloot niets te vragen. Hij gaf me een envelop waarin
een adres en 2000 gulden in zat. Ik begreep de hint. "Je
begrijpt toch zeker wel dat ik niemand af ga maken voor een

paar rooitjes hé" zei ik tegen hem, maar dat was de bedoeling niet. "Hij moet alleen even goed op zijn plek gezet worden" zei Charlie. Een half uur later zat ik in een bruin café in Arnhem Zuid. Onder het genot van een fluitje Heineken en de onuitwisbare klanken van Andre Hazes belde ik Dieter op.

Dieter heette eigenlijk Ditrich, maar hij had een gruwelijke hekel aan die naam en aan Duitsers. Zijn ouders waren afkomstig uit Duitsland, hijzelf is in Nederland geboren nadat zijn ouders zich er definitief vestigden. Ik vond het leuk om hem ermee te pesten. "hey vuile stinkmof ! Kom nu meteen even naar De Akker" zo heette de kroeg. Met een hoop geschreeuw en beledigingen hing hij de telefoon op waarna hij een kwartier later de kroeg binnenstapte. Hij was een opvallende verschijning. De man was bijna twee meter lang, droeg standaard legerkisten en een leren jas met bontkraag. Achterop zijn kale kop had hij een tattoo van een schorpioen zitten. Ik had in het verleden vaker samen met hem wat gewelddadige klusjes opgeknapt en wist dat hij de juiste persoon was voor deze klus.

We stapte in zijn rode Ford Escort en reden naar een nabijgelegen avondwinkel voor een tiental halve liters bier. Dieter en ik hadden beiden een kaalgeschoren hoofd, dus bij het binnenkomen van de winkel mocht het duidelijk zijn dat we geen shampoo gingen kopen. We reden naar Het Spijkerkwartier, de toenmalige rosse buurt van Arnhem. Zijn vriendin werkte er als prostituee, we gingen er vaker heen om te ontspannen of om het geld op te halen dat zijn vriendin bij elkaar geneukt had. We stapten het peeskamertje van Melanie in. Eigenlijk heette ze Monique, maar zodra ze achter het raam stond heette ze Melanie. Op het moment dat wij het kamertje binnenliepen sloot ze het gordijn en vertrok naar de buurvrouw voor een glas wijn.

Ik trok een fles bier open en vertelde Dieter wat de bedoeling was van die avond. Zoals verwacht stemde hij in en pakte 1000 gulden uit de envelop die hij met een glimlach in zijn broekzak propte. "Dus we gaan onszelf vermaken vanavond" zei hij.

Hij pakte het opmaakspiegeltje van Monique van een kastje, legde het op zijn kant en gooide er een pakketje van een gram cocaïne op leeg. Hij verdeelde de coke in een paar lijnen en snoof als een afgestudeerde stofzuiger twee lijnen van het spiegeltje af met het typerende zilveren snuifbuisje waar hij zo gehecht aan was. Ik besloot om ook een paar lijntjes weg te snuiven. Ik nam een slok van mijn bier en haalde het adres van 'die stinkturk' uit de envelop, stopte het geld in mijn zak en gooide de envelop weg.

Ik bekeek het adres, de straatnaam kwam me bekend voor maar kon het niet plaatsen. We namen afscheid van Monique en Layla de buurvrouw en stapten weer in de auto. Eenmaal in de auto pakte ik het straatnamenboek van Arnhem uit het handschoenenkastje en zocht de locatie van het adres op waar we naartoe moesten.

De turk bleek in een rijtjeshuis vlakbij het centraal station van Arnhem te wonen. We reden de straat in en reden stapvoets langs de woning van de turk. We konden zien dat de man op de bank tv zat te kijken en zijn vrouw in een stoel naast de bank een tijdschrift zat te lezen. Voor de deur stond een witte Opel Vectra met een vlag van voetbalclub Galatasaray op de hoedenplank. Door de vlag concludeerde ik dat dit de auto van die turk moest zijn. We parkeerden de Ford achter het centraal station op een parkeerplaats die bestemd was voor bezoekers van het nabijgelegen zwembad. We pakten een paar bivakmutsen, handschoenen en een klein model honkbalknuppel uit de kofferbak en liepen naar het huis van de turk terwijl we de mutsen in onze jaszak stopten en ik de knuppel in de mouw van mijn jas liet glijden.

Het was midden winter en stervenskoud buiten, die avond hadden de bivakmutsen duidelijk een dubbele functie. Ik gaf mijn vuurwapen aan Dieter dat hij vervolgens wegstopte in zijn jaszak. Eenmaal aangekomen bij de straat van de turk besloten we om via de achterkant het huis binnen te gaan. De deur van de schutting die op de tuin uitkwam was open en ook de keukendeur zat niet op slot. Simpeler kon het gewoon niet. De mutsen bedekte inmiddels onze hoofden, de handschoenen onze handen en de knuppel en het vuurwapen waren gebruiksklaar. We slopen zo zacht als we konden de keuken in en liepen naar de deur van de woonkamer. Zo zacht als dat ik kon opende ik de woonkamerdeur en keek door een kiertje om te zien of ze de klink van de deur hadden horen bewegen. Het echtpaar zat nietsvermoedend met de rug naar ons toe voor de televisie.

Ik opende de deur helemaal waarna ik de man meteen een harde klap met de knuppel op de rechterzijkant van zijn hoofd gaf. Hij gleed direct van de bank af waarna de vrouw hysterisch begon te krijsen. Ook haar sloeg ik een paar keer met de knuppel op het hoofd waarna ze het bewustzijn verloor en roerloos op de spierwitte plavuizen bleef liggen. Ik zag dat de turk met een bebloed gezicht opstond waarna Dieter over de leuning van de bank heen sprong, de man het pistool op

30

zijn hoofd zette, hem bij zijn trui pakte en hem naar de keuken toe sleepte. Eenmaal in de keuken gaf ik hem een paar klappen in het gezicht en legde hem met zijn buik op de grond waar ik vlakbij zijn hoofd een stoffen tas van een natuurwinkel zag liggen. Deze trok ik over zijn hoofd.

Dieter pakte een schemerlamp van de plank in de gang, rukte het snoer eruit en bond hem met zijn handen achter zijn rug vast. "Autosleutels" zei ik tegen de turk. "U mag mijn auto hebben, maar laat mij gaan. De sleutels liggen op de vaatwasser" hoorde ik de turk paniekerig zeggen. Dieter opende de voordeur en liep naar de auto waarna hij de kofferbak van de auto opende. Zo snel als we konden sleepten we de turk naar zijn auto en legden hem in de kofferbak. Door zijn geschreeuw werden er buren gealarmeerd die nieuwsgierig de gordijnen opentrokken om te kunnen zien wat er buiten aan de hand was. We sloegen de kofferbak dicht, stapten in de auto en reden weg.

Op het moment dat we wegreden realiseerde ik me dat de knuppel nog in de keuken lag, dus sprong ik uit de auto en haalde het slagwapen snel weg uit het huis. Ik pakte het vuurwapen weer over van Dieter en stopte het weg. Ik stak een sigaret op waarna ik de autoradio aanzette, Under the bridge van The red hot chili peppers galmde uit de speakers.

Ik nam een trek van mijn sigaret en zong het nummer mee. We reden naar de Posbank, een natuurgebied in het noordoosten van Arnhem. Ik kwam regelmatig in het gebied om na te denken of om tot rust te komen.

Vlakbij een pannenkoekhuis in het gebied lag een klein parkeerplaatsje direct aan een vallei. Daar keek ik uit over een gigantische heide die bij zonsopgang mistig werd en complete rust uitstraalde. Soms zag ik wilde paarden lopen of buizerds jagen. Op deze plek kwam ik helemaal tot rust. Maar vandaag was ik met een andere reden naar de Posbank gekomen. Het was er donker. Het enigste wat we zagen op de kronkelige asfaltweg was het licht van de koplampen van de Opel. Af en toe schoot er een konijn voor de auto langs of zagen we de glinstering van een paar dierlijke ogen langs de kant van de weg. Dieter doofde de koplampen en we reden met een slakkengangetje in de richting van het pannenkoekenhuis. Ongeveer honderd meter voor het restaurant lag aan de linkerkant een onverharde zijweg dat uitkwam op een kleine speeltuin. We reden de zijweg in en voelde de auto schudden door de bulten en kuilen in de weg. Dieter parkeerde de auto op een open plek aan de rand van het speeltuintje. We stapten uit en deden de bivakmutsen weer op. Ik deed de kofferbak open en trok samen met Dieter de man uit de auto. Wederom begon hij te schreeuwen om hulp, maar dat hield al snel op toen ik een paar flinke klappen op de biologisch vervaardigde tas gaf.

We namen hem langs het speeltuintje dieper het gebied in tot we uitkwamen op de grens die het bos scheidde van de heide. Het was volle maan en de plek deed me door het maanlicht denken aan een scéne uit de Disneyfilm Sneeuwwitje en de zeven dwergen. Dat vredige moment van innerlijke nostalgie werd al snel verstoord door het snotteren en hoesten van de turk. "Alstublieft vermoord mij niet meneer, ik heb geld" kermde hij.

Dieter en ik hadden van tevoren afgesproken dat we zo weinig mogelijk zouden zeggen, dus kreeg hij geen antwoord op zijn gejammer.

"Ik zal het nooit meer doen meneer, ik ga weg uit Nederland meneer" vervolgde hij. Blijkbaar wist de man precies wat de reden was van zijn ontvoering. Ik wist dat niet, en wilde het ook niet weten omdat ik bang was dat mijn principes of geweten (voor zover ik die in die tijd had) invloed zouden krijgen op die actie. En eerlijk gezegd interesseerde het me ook totaal niet.

Ik trok de tas van zijn hoofd. Zijn gezicht zat onder het bloed. Hij had gehuild en zijn bloes was doorweekt van het zweet. Even moest ik aan het nummer 'bloed, zweet en tranen' van André Hazes denken dat ik eerder op de avond in De Akker had gehoord en kon een glimlach niet onderdrukken.

Het was tijd om het af te maken. Ik pakte de knuppel en sloeg het met volle kracht op zijn neus. Ik hoorde het kraken. Hij viel achterover op zijn rug in een bos onkruid. Vervolgens heb ik zijn beide knieschijven kapot geslagen.

Ik herinner me het trillende gevoel dat de knuppel mijn lichaam gaf bij elke klap op de knie, nu begrijp ik wat seriemoordenaar Ted Bundy bedoelde met de uitspraak 'ik gebruik liever slag en steekwapens want dat maakt de moord persoonlijker'.

Het was inmiddels midden in de nacht en het zou niet lang meer duren voordat de eerste joggers en hondenliefhebbers langskwamen om de dag te beginnen in deze mooie omgeving. We lieten de turk liggen met het idee dat hij toch wel werd gevonden. We stapten in de auto en reden terug naar de plek waar de auto van Dieter stond, en hoopten vurig dat we geen politie tegenkwamen.

In die periode had ik mijn ouderlijke woning verlaten en huurde ik een kamer in het centrum van Arnhem, waar ik werd afgezet. Ik stak de sleutel in de hardhouten deur van het herenpand en liep naar binnen. Ik struikelde bijna over een fiets die in de gang stond.

Mijn kamer lag op de eerste verdieping van het pand. Ik liep mijn kamer in, gooide mijn zwarte leren jas op de grond, deed mijn schoenen uit en liet mezelf op de slaapbank vallen dat ik onopgemaakt had achtergelaten. Ik realiseerde me dat ik opnieuw mijn knuppel was vergeten, maar dit keer in de auto van Dieter.

Ik klikte de televisie aan en zapte naar Discovery Channel. Onder het gekreun van een stel parende leeuwen viel ik in een diepe slaap, het was een zware avond geweest.

De volgende ochtend werd ik vroeg gewekt door het geluid van portofoons. In een reactie sprong ik uit bed en was meteen klaarwakker, het zal toch godverdomme niet waar zijn ! Dacht ik. Ik nam een sprintje naar het raam en gluurde door een kier van het gordijn naar buiten.

Tegenover mijn pand was een dansschool gevestigd waarvan de parkeerplaats een favoriete ontmoetingsplek voor hangjongeren was. Er stonden twee politieauto's en ik zag dat er een jongen gearresteerd werd. Hij liever dan ik, bedacht ik me. Ik keek op de wekker en zag dat het net zeven uur in de ochtend was geweest. Ik keerde terug naar de slaapbank en was alweer snel vertrokken naar dromenland.

Ik deed mijn ogen weer open toen het middaguur al gepasseerd was. Ik was uitgeslapen en besloot om een heerlijke lange douche te gaan nemen. Ik moest de douche delen met 3 studenten die ook kamers huurden in het herenpand, dus hoopte ik dat hij niet bezet was. Dat was niet het geval dus pakte ik een handdoek en liep de badkamer in.

Het was een simpele badkamer met ligbad en een douche dat werd afgeschermd door een afgrijselijk douchegordijn met dolfijntjes erop. Eenmaal aangekleed vond ik dat het tijd was voor een ontbijtje. Ik liep naar buiten in de richting van een nabijgelegen bakkerij, de bakker zat recht tegenover de Mcdonalds in het centrum. Even twijfelde ik tussen een big mac en een broodje gezond, maar ik koos uiteindelijk voor het laatste.

Na mijn broodje weggespoeld te hebben met een flesje Spa blauw liep ik naar de openbare bibliotheek van Arnhem. Ik wilde weten wat er in de kranten stond over de situatie van die afgelopen nacht. Ik vond een klein artikel in de Telegraaf.

Man ontvoert en gruwelijk mishandeld, las ik.

In een korte samenvatting stonden de gebeurtenissen van die nacht beschreven. Ik las dat de man en de vrouw waren opgenomen in het Rijnstate ziekenhuis en dat de politie twaalf rechercheurs op de zaak hadden gezet. Ik liep langs het politiebureau terug naar mijn kamertje, waarna ik mijn vuurwapen pakte en regelde dat Chico mij op kwam halen. Ik zou die avond samen met hem naar Amsterdam rijden om een paar honderd gram cocaïne af te leveren en een paar kilo wiettoppen mee terug te nemen.

Voordat we naar Amsterdam reden moesten we eerst langs een adres in Arnhem om een halve kilo Speed af te leveren. We reden naar de wijk Klarendal. Deze wijk was berucht en door de gemeente officieel bestempeld als probleemwijk. Ik belde aan bij een woning dat boven een kleine fietsenwinkel gevestigd was. De deur zoemde waarna ik hem zonder moeite open kon drukken. Chico en ik liepen via de steile trap naar boven waarna links meteen de voordeur van de woning zat. We waren al vaker op dit adres geweest dus het verbaasde me niets toen ik een man in de deuropening zag staan die makkelijk als vampier in een horrorfilm zou kunnen figureren. De man heette Patrick en is inmiddels overleden. Toen ik dat nieuws jaren later hoorde ging ik er vanuit dat hij door een overdosis aan zijn einde was gekomen, maar ironisch genoeg kwam hij door een verkeersongeval om het leven toen hij onderweg was naar een afkickkliniek.

Patrick begroette ons uitbundig alsof we zijn beste vrienden waren. Hij had een trainingsbroek aan en een grijze trui waarvan hij de capuchon over zijn hoofd had getrokken. Zijn ingevallen gezicht verraadde zijn drugsverslaving. We liepen de gang in richting de huiskamer en kwamen onderweg langs de keuken. Ik wierp een blik naar binnen en kreeg een gevoel van walging toen ik zag hoe het er daar uitzag. Het hele aanrecht lag vol met vieze pannen en servies, etensresten zaten aan de muur en overal vlogen en zaten vliegen. Als die junk de moed heeft om ons een kop koffie aan te bieden dan sla ik hem bewusteloos, zo nam ik mezelf voor.

We liepen verder de woonkamer in. De gordijnen waren gesloten en tot mijn verbijstering zag ik een magere vrouw op de bank liggen. Ze was naakt en lag met haar benen wijd zichzelf te bevredigen terwijl ze naar een pornofilm op de televisie keek. Ik keek Chico vol verbazing aan en wees naar de slet terwijl ik Patrick met open mond aankeek. "Ja, die speed maakt haar altijd bloedgeil" zei de junk.

Een fractie van een seconde dacht ik eraan om mezelf te laten pijpen, maar de gedachte aan de kauwreflexen die een mens krijgt als diegene onder invloed is van speed verdreef de gedachte net zo snel als dat die gekomen was. Het was een mooi meisje en ik vond het doodzonde dat ze zichzelf zo naar de klote hielp door om te gaan met dit soort junkies en zoveel drugs te gebruiken. Maar ik was er niet heen gegaan om het christelijke geloof te prediken dus ik gooide de halve kilo speed op de glazen salontafel en droeg Patrick op om geld te pakken. Hij liep naar de slaapkamer om het geld te pakken.

Ik keek nog eens goed naar het meisje, ik schatte haar een jaar of 18 , misschien zelfs nog jonger. Ze schonk totaal geen aandacht aan ons en was compleet in de ban van de pornofilm op tv. Ik schoot in de lach en ook Chico kon zichzelf niet meer beheersen. Ik pakte het geld aan van de junk en we vertrokken. "Pas goed op jezelf" hoorde ik hem tegen ons zeggen, waarop ik me omdraaide, hem aankeek en opnieuw in de lach schoot. We stapten in de BMW en reden weg.

Amsterdam was onze volgende bestemming. We moesten eerst tanken. De auto van Chico zoop nog meer dan de gemiddelde alcoholist en moest naar mijn idee veel te vaak worden bijgetankt. Ik adviseerde hem regelmatig om een auto te kopen die wat minder opvallend was, maar zodra ik die woorden uitsprak keek hij me aan met een blik alsof ik net zijn moeder had verkracht. Hij was verliefd op zijn auto. Hij tankte en liep de shop binnen om de benzine te betalen.

Ik bleef in de auto zitten. Toen ik op een gegeven moment vanuit de auto bij de shop naar binnen keek, zag ik dat Chico ruzie had gekregen met een paar mannen. We hadden beiden een vuurwapen op zak en ik wist dat Chico geen probleem zou hebben met het trekken van dat ding om zijn woorden kracht bij te zetten. Ik sprong de auto uit en liep snel naar binnen. Ik trok Chico weg bij de mannen en nam hem mee naar buiten.

Eenmaal in de auto en onderweg begreep hij dat ik dat deed omdat we drugs en vuurwapens bij ons hadden en deze simpele ruzie grote gevolgen voor ons zouden kunnen hebben.

Eenmaal aangekomen in Amsterdam parkeerden we de auto in de Van Baerlestraat. Een drukke straat die in het verlengde ligt van de P.C Hooftstraat en het Museumplein. In een nabijgelegen zijstraat vonden we het huis waar we moesten zijn. Niet lang nadat we de deurbel hadden ingedrukt ging de voordeur open en verscheen er een vrouw van middelbare leeftijd in de deuropening. Ze zag er verzorgd uit en ook de woning zag eruit om door een ringetje te halen. Dit was eerder op de avond wel anders geweest.

We kregen een biertje aangeboden en we werden naar de serre achter het huis gedirigeerd door Irma, zo bleek de vrouw te heten nadat ze zich had voorgesteld. Haar man Hans zat in een leunstoel een boek te lezen dat hij onmiddellijk dichtklapte en weglegde toen hij ons de serre in zag komen.

"Goedenavond heren" riep hij enthousiast. "Ga zitten" zei hij terwijl hij ons een stoel aanbood. We gingen zitten waarna hij ons meteen wat over zijn hobby vertelde. De man was een paardenliefhebber en bleek een manege te hebben waar hij graag over praatte.

Ik vond het een saai gesprek en liet dat merken door Chico de tas te vragen die hij in zijn handen had. "zullen we ?" Vroeg ik aan Hans. Hij stemde in en liet zijn vrouw een tas pakken uit de woonkamer. Nadat alles geregeld was vertrokken we weer. Eenmaal teruggekomen in Arnhem besloten we om meteen door te rijden naar Peter. Die nam de tas in ontvangst in de keuken van zijn drukke kroeg en drukte ons beiden een envelop in de hand.

Ik vond het een heerlijk leventje zo.

Een paar maanden later zat ik op een avond bij anabolen Charlie thuis. Er stond een muziekzender op tv en op tafel lag een spiegel met wat lijntjes coke erop. We namen beiden een lijntje en trokken nog een biertje open. Ik stond net op om het toilet te bezoeken toen ik de huistelefoon van Charlie over hoorde gaan.

Terwijl ik in de wc mijn blaas stond te legen hoorde ik plotseling een kabaal in de woonkamer. Ik hoorde gebonk en glasgerinkel terwijl ik Charlie onverstaanbare dingen hoorde schreeuwen. Ik dacht meteen aan een overval of afrekening omdat een arrestatieteam zich meestal kenbaar maakt als ze binnenvallen door "politie" te schreeuwen.

Toen besefte ik dat geen deurbel had gehoord en de voordeur niet had horen opengaan, het toilet zat er tenslotte meteen naast. Ik knoopte mijn spijkerbroek dicht en liep naar de woonkamer. Het was er een ravage, de tv en de bijbehorende kast lagen aan de andere kant van de woonkamer, zijn slaapkamerdeur was in stukken getrapt en het glas in de deur die naar het balkon leidde was versplintert. In het midden van deze puinhoop zat Charlie op de grond, leunend tegen de centrale verwarming, een van de weinige objecten in het huis dat nog op zijn plaats hing.

Ik vroeg hem wat er was gebeurt. "chico is neergeschoten" zei hij. Een gevoel van razernij maakte zich van mij meester en had zin om de rest van het huis te slopen. Maar in plaats daarvan pakte ik Charlie bij zijn brede schouder en zei tegen hem dat we naar hem toe moesten.

Het telefoontje dat hij kreeg was van Wanda, de tante van Chico die getuige was van de schietpartij. Hij was opgenomen in het Radboud ziekenhuis in Nijmegen.

Chico bleek in Angeren neergeschoten te zijn toen hij een geldbedrag kwam incasseren bij iemand die Wanda nog geld schuldig was. Die man zou niet veel later opgepakt worden. Chico was met een trauma helikopter overgebracht naar het ziekenhuis waar hij met spoed geopereerd werd. We werden in het restaurant van het ziekenhuis opgevangen door Wanda en haar man Henry. Chico was geraakt door 3 kogels. Twee in zijn borst en één in zijn linker bovenbeen.

We kregen een eeuwigheid later van een chirurg te horen dat de kogels waren verwijderd en zijn toestand zo goed als stabiel was maar we mochten nog niet bij hem.

5

Een dag later werd ik gearresteerd op verdenking van bedreiging met een vuurwapen een paar weken eerder.
In het huis van bewaring in Arnhem Zuid had ik in de eerste week van mijn detentie nog een paar keer telefonisch contact met Chico. Het ging goed met hem, hij klonk opgewekt en helder. Maar na een week kreeg ik niemand meer te pakken. Na 3 weken kwam ik dankzij een schorsing vrij en belde ik Peter op. Hij vroeg me om langs te komen.
Daar kreeg ik te horen dat Chico tijdens zijn herstel om onduidelijke redenen uit het raam op de vijfde verdieping van het ziekenhuis was gevallen en op slag dood was toen hij neerkwam op de oprit van het ziekenhuis. Verschillende oorzaken passeerden de revue, hij zou in de raamopening een sigaret gerookt hebben en zijn evenwicht hebben verloren, hij zou zelfmoord gepleegd hebben of geduwd zijn. Dit zou nooit opgehelderd worden. Dit bizarre nieuws raakte mij enorm. Ik vroeg Peter waarom niemand mij dit had laten weten, waarop hij antwoordde dat ze me dat nieuws wilden besparen omdat ik toen vastzat.
We zijn daarop samen naar zijn graf gegaan en hebben er de hele middag gezeten en gepraat. Een paar weken later besloot ik Dieter voor te stellen aan Peter. Hij heeft nooit geweten met wie ik die klus met die turk had afgehandeld, dus zag ik dit als een mooie kans om hem kennis te laten maken met Dieter.

Vanaf dat moment besloot ik om het anders aan te pakken. Wat er met Chico was gebeurd zou niet nog een keer gebeuren. Ik sprak met Dieter af dat wij alles samen zouden oplossen of zouden regelen.

Het feit dat Chico het ziekenhuis in werd geschoten kwam omdat niemand zijn rug dekte, en aan een schreeuwende en hysterische tante heb je niks. In die periode van mijn leven had ik het gevoel dat ik de hele wereld aankon, door pijn en schande heb ik me in de jaren die daarna kwamen moeten toegeven dat er altijd iemand sterker, machtiger of gekker is dan mij. De dood van Chico was een voorbeeld, maar ik werd er zelf op een pijnlijke manier mee geconfronteerd aan het begin van de zomer in 1999.

Chico was net een paar maanden overleden. Ik was met een kennis die opgegroeid was in dezelfde wijk in Arnhem Zuid als mij aan het stappen in Nijmegen. Het uitgaansgeweld was in die tijd sterk in opkomst en het begrip zinloos geweld was bekend bij iedere Nederlander. Dat er veel politie op de been was vond ik niet vreemd. Ondanks dat droeg ik toch mijn vuurwapen bij me. Het gaf me een veilig gevoel, hoewel ik daardoor beperkt was in mijn keuze van kroegen en discotheken. De uitgaansgelegenheden die detectiepoortjes en fouillering maatregelen hanteerden meed ik dus als de zwarte pest. In plaats daarvan zocht ik de Ierse pubs op of simpele kroegen waar je een simpel biertje kon drinken.

We eindigden in een kroeg op plein 44. De kroeg lag op een hoek aan een van de wegen rondom het plein, en zag er aan de buitenkant uit alsof het sinds de gouden eeuw niet veranderd was. Het was er rustig op een handjevol mensen na die aan de bar zaten.

We dronken de ene whisky na de andere en lieten alles opschrijven zodat we tegen sluitingstijd konden betalen. Uren later besloten we om te gaan. We logeerden bij een kennis in Nijmegen en waren van plan om de taxi op het plein naar zijn huis te pakken.

Toen de barman de rekening presenteerde dacht ik eerst dat hij een grapje maakte, maar dat was niet het geval. Ik kreeg een discussie met de barman en later gingen de mensen aan de bar zich er ook mee bemoeien. Ik besloot om zonder te betalen te vertrekken.

Als er iemand achter me aan komt dan trek ik mijn pistool en zet het op het voorhoofd van mijn achtervolger, dacht ik bij mezelf. Maar er kwam niemand achter ons aan. Mijn kennis wilde nog even naar de pinautomaat en ik had honger, dus spraken we af bij de snackbar die aan het einde van een zijstraat van het plein zat. Op het moment dat mijn kennis overstak om naar de SNS bank aan de andere kant van het plein te lopen, liep ik rechts van de kroeg de zijstraat in richting de snackbar.

Na een paar meter zag ik iets bewegen in mijn rechter ooghoek, op het moment dat ik mijn hoofd draaide om te kunnen zien wat het was zag ik een flits en voelde een enorme dreun op mijn hoofd, de pijn was zo plotseling en zo intens, maar ik kreeg niet de kans om mezelf te herstellen. Ik voelde een paar handen die me bij mijn zomerjack pakten. Met enorme kracht werd ik een steeg ingetrokken waarna ik die eerste paar klappen voelde voordat het compleet zwart werd.

Die steeg bleek de achteruitingang van de kroeg te zijn waar ik nog geen 5 minuten eerder met veel kabaal naar buiten was gestapt. Ik was finaal in elkaar geslagen met stoelpoten door de eigenaar en een paar bezoekers. Noem het Karma.

Drie dagen later opende ik mijn ogen voor het eerst sinds de gebeurtenis. Ik had in coma gelegen. Mijn herstel ging goed en verliep vlot. Nog geen week later werd ik ontslagen uit het ziekenhuis. Tegenwoordig helpen een aantal littekens op mijn hoofd mij herinneren aan die avond. Eenmaal volledig herstelt had ik plannen om de kroeg van de man die mij belaagd had tot aan de grond toe af te laten branden. Maar ik besloot om de man zelf te pakken.

Op een avond na het afsluiten van zijn kroeg stapte de man in zijn auto en reed naar huis. Peter, Charlie en ik reden achter hem aan. Hij woonde in een vrijstaande woning aan een doorgaande weg aan de rand van Nijmegen. Recht tegenover het pand lag een weiland en links naast het huis een grill restaurant. Daar parkeerden wij de auto, doofden de lichten en bleven zitten wachten. Niet lang daarna werd het donker in het pand, dat was voor ons het teken om uit te stappen. Peter bleef achter het stuur zitten en stak een sigaret op. Charlie en ik liepen naar de achterkant van het huis. We trokken handschoenen aan, trokken bivakmutsen over onze hoofden en klommen over het traliehek dat het huis scheidde van de parkeerplaats.

Ik bleef met mijn broek steken achter een van de punten die op de top van het hek zaten, verloor mijn evenwicht en viel over het hek heen waarna ik ondersteboven bleef hangen. Charlie moest zijn best doen om niet in lachen uit te barsten en hielp me uit mijn benarde positie.

We kwamen terecht in een goed onderhouden tuin waarna we zo snel mogelijk in de richting van een bijkeuken slopen. Naast de bijkeuken stond een houten tuinhuis waarvan het me opviel dat de deur op een kier stond. Ik liep het tuinhuis in en kreeg zo de beschikking over een arsenaal aan steek en slagwapens waarmee ik mijn recht kon halen.

Ik pakte een rol touw, een rol dubbelzijdig tape en een jerrycan benzine dat op een werkbank stond, ook pakte ik een klauwhamer die ik aan Charlie gaf. We liepen naar de deur van de bijkeuken die op slot bleek te zitten. Op aanwijzing van Charlie pakte ik een schroevendraaier uit het tuinhuisje waarna hij vrij simpel het slot uit de deur wist te tikken. We waren binnen.

Even bleven we in de bijkeuken staan om te luisteren, Charlie had flink wat herrie gemaakt en we wilden weten of de man ons had gehoord. Het was doodstil, op het tikken van een klok in de bijkeuken na. We trokken de deur naar de woonkamer open en zagen aan de rechterkant van de kamer een open wenteltrap dat de benedenverdieping verbond met de eerste verdieping van het huis.

Op het moment dat ik de trap opliep zagen we dat er op de muur langs de trap foto's hingen van 2 jonge kinderen en een blonde vrouw. De man heeft duidelijk een gezin dacht ik. Zo zacht als we konden liepen we de trap op en kwamen terecht op een brede overloop waar een aantal deuren zaten die toegang gaven op de slaapkamers erachter. Op twee deuren zaten naambordjes die versierd waren met kikkers en ridders, ik kon er vanuit gaan dat dit kamers van de kinderen waren.

We liepen over de overloop langs de deuren en hoorden iemand snurken. Ik ging op het geluid af en bleef staan bij de deur waar het geluid het sterkst was. Dit was ongetwijfeld de kamer van degene die mij in coma had geslagen.

Ik duwde zo zacht mogelijk de slaapkamerdeur open en een alcohollucht sloeg me in mijn gezicht, de man had duidelijk gedronken. Aan het eind van de kamer, onder een dakkapel stond het tweepersoonsbed met daarin de snurkende man die nietsvermoedend in diepe slaap lag. Naast hem lag de blonde vrouw die ik op de foto's in het trapgat had zien hangen. Charlie ging links van het bed staan aan de kant van de man en ik rechts aan de kant van de blonde vrouw waarna ik me voorover boog om haar gezicht te bekijken.

Het was een vrouw van middelbare leeftijd, ze had niet eens de moeite genomen om de make-up van haar gezicht te halen voordat ze ging slapen. Charlie knipte het nachtlampje aan dat op het kastje naast het bed stond waarop de vrouw wakker schrok en omhoog kwam in bed. Ik sloeg haar met twee harde vuistslagen in het gezicht en trok de paniekerige vrouw aan haar haren uit bed waarna ik haar op haar buik op de grond legde.

Door haar gekrijs werd de man wakker waarop Charlie hem een paar keer met de hamer op zijn hoofd sloeg en hem uit bed trok. Ik plakte de mond van de vrouw dicht met tape, bond haar vast aan haar benen en armen en sleepte haar naar de badkamer die grensde aan de slaapkamer. Ondertussen was Charlie in gevecht geraakt met de man, die vocht als een bezetene maar moest het uiteindelijk toch afleggen tegen de kracht van anabolen Charlie.

We bonden ook de man vast aan zijn enkels en armen, plakten een paar stukken tape over zijn mond en sleepten hem naar de badkamer waar we hem in het ligbad gooide.

Ik pakte de vrouw beet en sleepte haar aan haar voeten naar de inloopkast van de slaapkamer, gooide haar erin en sloot de deur.

Eenmaal teruggekomen in de badkamer keek ik in het ligbad waar ik de man op zijn rug zag liggen. Zijn ogen straalden doodsangst uit en even had ik de neiging om mijn bivakmuts af te zetten zodat hij kon zien met wie hij te maken had.

"Je kluis" zei Charlie tegen de man.

De man gaf geen reactie. Ik trok de tape van zijn mond af en drukte de hamer tegen zijn wang.

"Waar is die kluis" herhaalde Charlie.

De man gaf te kennen dat de kluis aan het einde van de inloopkast stond, onder een rek waar een rij winterjassen aan hingen. Het was een kluis met een elektronisch slot. De man gaf zonder moeite de cijfer/letter combinatie waarna ik de inloopkast inliep, over de zwaar ademende vrouw heen stapte en de kluis leeghaalde.

Daarna opende ik de slaapkamerdeur en keek op de overloop om te zien of de kinderen wakker waren geworden, maar het was er stil. Het werd toen onderhand wel tijd om te vertrekken, maar ik was er niet gekomen voor de kluis. De man moest boeten voor wat hij mij had aangedaan dus besloot ik om hem een herinnering te geven aan deze avond. Ik pakte een make up spiegel van de wastafel en sloeg het kapot. Ik plakte de tape weer over zijn trillende mond en gaf hem een klap op zijn bebloede gezicht. Vervolgens pakte ik een glasscherf van de wastafel en kerfde een aantal diepe sneden in zijn beide wangen.

De man kronkelde in de badkuip als een vis op het droge en zijn bloeddoorlopen ogen verraadde zijn intense angst en pijn. Ik pakte de jerrycan en wilde zijn slaapkamer in brand zetten maar bedacht me dat er kinderen in het huis sliepen.

Dus bond ik een paar handdoeken om zijn voeten en scheenbenen, opende de jerrycan en doordrenkte de handdoeken met benzine waarna ik ze aanstak. Meteen daarna vertrokken we uit de woning. Op de wenteltrap kon ik het gedempte gekrijs van de man nog horen evenals het gebonk van zijn gespartel in de badkuip.

We sprongen over het hek, stapten in de auto en vertrokken

zo snel als dat we konden.

Tevreden zat ik op de achterbank terug te denken aan de overval, ik had mijn honger naar wraak gestild en er nog wat aan verdiend ook. Het was een geslaagde avond geweest.

6

De volgende dag zat ik aan het begin van de avond in de kroeg te praten met Wanda, de tante van Chico. We dronken een biertje en spraken over actualiteiten die op dat moment het nieuws beheersten. Ze liet me een tattoo zien die ze pas had laten zetten, een slang met daarin de letters C en K. "Dit is een tattoo die ik heb laten zetten voor mijn dierbaren die zijn gebeten door de slangen in mijn leven!" schreeuwde ze half aangeschoten door de vaasjes Heineken die ze achterover had geslagen.

Ze belde haar man Henry op met de vraag of ze opgehaald kon worden. Toen ze had opgehangen vroeg ze me meteen of ik met haar mee wilde rijden omdat ze me wat wilde laten zien. Ik bestelde nog twee biertjes bij Peter en stemde toe. Ruim een half uur later kwam Henry de kroeg binnen lopen, ging naast me op een kruk zitten en bestelde een Bacardi cola. We praatten wat en weer een half uur later zat ik naast Henry in zijn witte Opel Vectra. Uit de speakers van de auto klonk een nummer van Guns n Roses.

Ik moest meteen aan Dennis denken. Ik had mijn broer al een tijd niet gesproken en gezien en nam me voor om hem de volgende dag te bellen voor een afspraak.

Eenmaal aangekomen bij het hoekhuis van Wanda en Henry parkeerde de man des huizes zijn bolide op de oprit van de woning. We liepen langs het huis totdat we uitkwamen bij de deur in de schutting die toegang verschafte tot de achtertuin van het hoekhuis.

Eenmaal binnen ging ik aan de eettafel zitten en kreeg een ijskoud blikje sinas in mijn handen gedrukt van Henry. Hij ging op de stoel naast me zitten en gaf me een schouderklopje, waaraan ik me irriteerde.

Op het moment dat ik mijn blikje opentrok verscheen Wanda in de deuropening met een dik boek in haar hand. "Ik wil dat je hem ook op een andere manier gaat zien" vertelde ze me plechtig. Ze drukte het boek in mijn hand en vroeg me om het door te lezen.

Het was een plakboek. Op de zwarte kaft van het boek stond met sierletters 'Chiconito' gedrukt, de volledige voornaam van Chico. Wanda vertelde me dat ze dit boek samen met wat persoonlijke eigendommen had geërfd van zijn ouders nadat ze beiden waren omgekomen door een auto ongeluk toen ze op doorreis waren in Mexico, het geboorteland van zijn moeder. Zijn vader was een Nederlander. Chico had de crash op miraculeuze wijze overleefd, hij was destijds nog een peuter. Hij zou er alleen een litteken op zijn voorhoofd aan overhouden.

Ik opende het plakboek en zag het geboortekaartje en de gegevens van zijn geboorte op de eerste bladzijde. Verderop in het boek zag ik zijn babyfoto's en zijn eerste gefotografeerde stapjes, zo te zien was het een vrolijke baby. Zijn ouders straalden ontzettend veel liefde en geluk uit op de foto's waar ze hem een kusje gaven of hoe ze naar hem keken toen hij zijn eerste verjaardagscadeautje uitpakte.

Wat kan het leven soms toch verschrikkelijk oneerlijk zijn.

Toen ik het boek had doorgebladerd en het terug gaf aan Wanda zag ik het verdriet en het gemis in haar ogen toen ze ernaar keek, daarna borg ze het zorgvuldig op in de la van haar grenenhouten dressoir.

Ik bleef er de hele avond praten over Chico en zijn ouders en ben uiteindelijk diep in de nacht met een taxi naar huis gegaan.

De dader van de schietpartij bleek Manuel te heten en zou uiteindelijk maar 30 maanden celstraf krijgen. Met aftrek van zijn voorarrest en zijn vervroegde invrijheidsstelling zou het niet lang meer duren voordat hij in een half open gevangenis zou zitten.

De volgende dag belde ik mijn broer Dennis op zoals ik mezelf de dag ervoor had voorgenomen. Ik sprak met hem af op winkelcentrum Kronenburg in Arnhem Zuid. Daar dronken we een paar biertjes en spraken over vroeger of over de roze legging en de kuif op het hoofd van een uitgezakte huismoeder die voor ons in de rij van de kassa stond. De ongedwongen sfeer van nostalgie en broederschap gaf me altijd weer wat frisse energie om de dagen erna weer problemen te kunnen incasseren, indien nodig.

Ironisch genoeg kreeg ik die avond wat klappen te incasseren van Dennis zelf.

We kregen ruzie in een kroeg in Elden waarna ik tussen een fietsenrek belandde en een paar hoeken van mijn broertje te incasseren kreeg. De volgende dag keek ik in de spiegel van de badkamer en moest constateren dat mijn rechteroog nog dikker was dan de huismoeder die we in de supermarkt zagen en nog paarser dan het hoedje van koningin Beatrix op Prinsjesdag.

Als klap op de vuurpijl begon mijn linkeroog het voorbeeld van mijn rechteroog te volgen en zagen mijn oogkassen er na een paar dagen nog donkerder uit dan die van Fester uit The Addams Family.

Maar van mijn broertje kon ik het hebben, dit soort dingen schiepen toch een familieband. De dag erna zaten we gewoon weer aan een ijskoude kletser samen.

51

Ik was wel een gewild doelwit van pesterijen van Peter en Charlie. Die twee vroegen me constant lachend of ze het telefoonnummer van mijn broertje mochten hebben.

Ze zouden mij vanaf die dag alleen maar bellen voor een kopje suiker of als de wc schoongemaakt moest worden. Stelletje klootzakken.

7

Een aantal maanden later werd ik gebeld door Henry, de oom van Chico. Hij vroeg me om naar zijn huis te komen omdat hij me aan iemand wilden voorstellen.

Ze hadden een verrassing voor me waar ik waarschijnlijk zeer verheugd op zou reageren, vertelde Henry me vol van opwinding. Ik reed samen met Dieter die kant op.

Het was inmiddels hartje winter en het duurde een eeuwigheid voordat hij het ijs van zijn autoruiten gekrabd had. Eenmaal in de auto vroor mijn reet er zowat af. Dus nam ik mezelf voor om diezelfde avond zo snel mogelijk weer thuis te zijn. Toen we bij het huis van Henry en Wanda aankwamen begon het te sneeuwen.

We gingen aan de keukentafel zitten en kregen een gloeiend hete kop koffie aangeboden, die ik maar al te graag accepteerde.

Ik kreeg door Wanda een adres in mijn handen gedrukt.

"Ga er vanavond nog naartoe" zei ze.

"En bel die anabolen Charlie op als je de grens over gaat" droeg ze me op. Ik vroeg haar wat ik er op moest halen, maar ze antwoordde al voordat ik mijn vraag had uitgesproken.

"Dit gaat niet om geld" zei ze op indringende toon.

Het was een adres in België. Ik kon mijn voornemen om een lekker warm avondje thuis door te brengen dus wel vergeten.

Ik stond op en liep naar de keuken, pakte een deksel van een kookpan en zag er vers gemaakte boerenkool in liggen. En een rookworst van de Hema, die zijn het lekkerst.

Ik pakte 2 diepe borden met gruwelijk lelijk bloementjes motief en schepte een bord stamppot op voor Dieter en mijzelf.

"Ik zie jullie morgen op dat adres" zei Henry terwijl hij zijn winterjas aantrok en de deur uitliep.

Dit was zijn vaste pokeravond. Wat er ook gebeurde, hij ging elke zaterdagavond naar zijn pokeravondje, zo had iedereen wel een manier om even alles van zich af te zetten.

Kort daarna gaf ik Wanda een kus op haar wang en vertrok. Het was flink aan het sneeuwen buiten. De bomen en de ongerepte verse sneeuw op het grasveld aan de overkant van het huis had iets sprookjesachtigs. Ik bleef even kijken naar het vredige tafereel terwijl ik mijn zwarte wintermuts opdeed en mijn leren handschoenen aantrok, niet wetend dat ik over een paar uur een iets minder vredig tafereel zou gaan aanschouwen.

Even over de Nederlandse grens ligt Lommel, een dorp waarvan ik het idee had dat ik er op elk moment Astérix en Obelix tegen zou kunnen komen. De huizen leken al honderden jaren oud en met een beetje verbeelding zag ik de koetsen over de oude klinkers rijden.

Het warme licht uit de kroegen en kleine restaurants schenen uitnodigend door de glas in lood ramen van horecagelegenheden. Ik was daarom ook blij verrast dat het adres dat op het papiertje stond een straat bleek te zijn waar een kroeg gevestigd was.

Ik had Charlie gebeld toen we de grens over gingen en was dan ook niet verbaasd toen ik zijn gigantische gestalte achter in de kroeg aan een tafeltje zag zitten. Hij wenkte ons en meteen daarna de barman om een stevige Belgische pint voor ons te tappen.

Hij pakte zijn telefoon en belde iemand op die blijkbaar informatie wilde over onze aankomst want Charlie had het over 'die twee' die net zijn binnen gekomen.

Ik nam een slok van mijn pint en vroeg aan Charlie wat de

bedoeling was. Hij vertelde ons dat er even buiten Lommel tussen de boerderijen een manege stond. De manege van Hans, de zakenpartner van Peter waar ik in Amsterdam een tas met wiet had opgehaald. Daar gingen wij dus naartoe. Hij zei dat het een verassing was en liet verder niet veel los.

Ik stak een sigaret op en groette de barman terwijl we naar buiten liepen. Charlie stapte in zijn auto en zei dat we hem moesten volgen. Toen we vertrokken kraakte het grind van de oprit onder onze wielen, niet lang daarna reden we met hoge snelheid op een verharde weg in de richting van de Belgische landerijen. Na een half uur rijden en tientallen kronkelige landwegen te hebben gezien kwamen we aan bij een boerderij.

Dieter opende het hek dat toegang gaf tot het landgoed en reden daarna langs de paardenstallen tot we achter de boerderij terechtkwamen. Daar parkeerden we de auto's en stapten uit waarna ik tot mijn grote ontzetting tot aan mijn enkels wegzakte in de blubber. Ik vloekte een compleet vocabulaire aan scheldwoorden de lucht in en liep verder naar de houten veranda dat vastzat aan de boerderij.

Dieter en ik trokken onder luid protest onze schoenen uit en zagen Charlie de veranda naderen met zijn schoenen in zijn hand. Hij had in zijn auto een paar regenlaarsen aangetrokken. Hij had ons voordat we vertrokken niet even ingelicht over het moeras waar we in terecht zouden komen, de flikker.

Toen Charlie met een brede glimlach de veranda op kwam lopen pakte Dieter zijn schoenen uit zijn handen en wierp ze met volle kracht in de modder, stak een middelvinger op en liep naar binnen.

Eenmaal door de deur kwamen we in het woongedeelte van de boerderij terecht. Er stond een oud bruin leren bankstel en ook de meubels waren van oud eiken. Er stond een antieke koekoeksklok in de hoek van de kamer. Ik wilde altijd al weten of dat vogeltje daadwerkelijk 'koekoek 'zegt als het uit zijn deurtje komt, dus zette ik handmatig de wijzers op 12 uur, en hoorde alleen een simpele 'gong', zoals alle klokken bij mijn oma thuis dat hadden.

Enigszins teleurgesteld nam ik plaats op de bank en vroeg aan Charlie of wij de enigen waren in de afgelegen boerderij. "Hans heeft me de sleutels gegeven, loop achter me aan, ik wil jullie wat laten zien" zei hij. We liepen door een gang totdat we bij een deur aankwamen dat toegang gaf tot de paardenstallen. Ik zag werkelijk prachtige beesten in die stallen staan en las een aantal namen die op naamplaatjes stonden gegraveerd. Shadow en Cortex zag ik voorbijkomen. Charlie vertelde ons dat het renpaarden waren, een obsessie van Hans.

We liepen langs de paarden naar de achterkant van het stallencomplex, liepen rechts een deur in en kwamen in een ruimte waar allemaal regenjassen en laarzen stonden. Achter in die ruimte zag ik een deur met een bordje waar 'Douches' op stond gedrukt. We kwamen in een betegelde ruimte waarvan alleen de vloer van beton was. Aan weerszijden van de ruimte zag ik douchekoppen hangen zoals je die ook in een zwembad ziet.

Dit gebouw heeft hiervoor waarschijnlijk functie gedaan als sporthal of zo dacht ik. Achter in de ruimte zat een man op een klapstoel. Op zijn witte onderbroek na was hij compleet ontkleed en zat met handboeien vastgebonden aan een stalen ring boven zijn hoofd. Op zijn hoofd zat een bivakmuts die omgekeerd over zijn hoofd was getrokken.

We liepen naar de man toe en nog voordat ik kon vragen wie het was trok Charlie de muts van zijn hoofd af.

Ondanks het gekneusde en bebloede gezicht van de man kon ik zonder moeite zien wie er tegenover me zat.

Het was Manuel, de man die Chico had neergeschoten.

"Surprise"! Zei Charlie met een triomfantelijke glimlach op zijn gezicht. Ik pakte de man bij zijn blonde haren en trok zijn hoofd omhoog om hem eens goed in de ogen te kijken. We hadden al eerder oogcontact gehad in de rechtbank van Arnhem toen hij terecht moest staan voor het neerschieten van Chico. Dit keer waren zijn oogkassen opgezwollen en miste hij een voortand.

"Geweldig" zei ik terwijl ik zijn hoofd los liet. Ik vroeg aan Charlie hoe het kon dat hij hem zo snel op die stoel kon krijgen.

"Zijn proefverlof was goedgekeurd ouwe !" antwoordde Charlie.

"Een kennis van informeerde me over de dag dat hij verlof kreeg, het enigste wat ik hoefde te doen is hem oppikken. Het was bekend dat Manuel meteen zijn vrouw en kinderen zou gaan opzoeken. De rest was simpel."

Ik vond het een heerlijk idee dat ik mezelf ongestoord kon laten gaan op de man die mij eerder vol arrogantie aankeek in de rechtbank en zich respectloos en laatdunkend uitliet over de dood van een jongen die ik beschouwde als een van mijn beste vrienden. Ik vroeg hoelang hij hier al te gast was, waarop ik te horen kreeg dat hij nog geen 24 uur op dat stoeltje zat. Ik besloot om eerst de ergste haat en woede eruit te gooien door mijn rechter handschoen uit te trekken en hem met mijn blote vuist, met volle kracht herhaaldelijk op zijn linker oogkas te slaan.

Hij verloor zijn bewustzijn en zijn wenkbrauw was compleet opengescheurd. Op het moment dat het zwart voor mijn ogen optrok zag ik Charlie naast me staan met een verrijdbare gereedschapskast.

Ik stak een sigaret op en pakte een klapstoel dat naast een stapel sloophout lag in de hoek van de ruimte. Ik ging tegenover Manuel zitten. Zijn hoofd hing voorover, het bloed stroomde in kleine straaltjes uit zijn wenkbrauw en kleurde zijn knie rood. Dieter vond dat we hem eerst moesten opfrissen. De man had flink wat klappen gehad in de afgelopen 24 uur en was niet meer aanspreekbaar. Hij sloot een tuinslang aan op de kraan in de douche en spoot Manuel schoon. Niet lang daarna kwam hij weer bij zijn bewustzijn. We smeerden wat vaseline op de wond in zijn wenkbrauw en plakte het dicht met pleisters. Uit de gereedschapskast nam ik een rol tape en plakte zijn mond dicht.

Daarna verlieten we de douche om een sterke kop koffie te nemen in het woongedeelte, het ging een lange nacht worden. Een uurtje later liepen we weer naar de ruimte waar Manuel zat te wachten op zijn verlossing, in welke vorm dan ook. Maar die ging er nog lang niet komen. We besloten er eerst voor te zorgen dat de man niet weg kon lopen als hij erin zou slagen om zichzelf te bevrijden. We discussieerden over de mogelijkheden en er kwamen verschillende werktuigen voorbij waarmee we Manuel immobiel konden maken.

Ik denk niet dat hij dat gesprek met veel plezier heeft aangehoord. Toen we het eens waren over de wijze waarop we dit zouden doen pakte ik de rol tape en bond zijn enkels vast aan de klapstoel. Dit was de eerste keer dat Manuel tegen begon te stribbelen. Dieter had ondertussen een verlengsnoer gevonden die hij aansloot op het stopcontact in de gang. Nu hadden we stroom voor de boormachine die ik uit de onderste lade van de kist had gepakt.

Terwijl ik de mond van de boormachine opendraaide vroeg ik aan Charlie of hij een 4 millimeter boortje voor me wilde pakken. Ik draaide het boortje vast, zette de machine op de binnenkant van de knie van Manuel en begon te boren. De machine trilde toen ik het bot raakte, maar het boortje ging vrij soepel naar binnen. De man verkrampte en een grommend en piepend geluid kwam uit zijn keel.

Toen ik op de helft van zijn andere knie was bereikte een weerzinwekkende stank mijn neusgaten. Hij had zichzelf ondergepoept. Ik ramde het boortje met volle kracht zijn knie in en liep daarna snel weg om me te ontdoen van de geur.

Ik liep terug naar het leefgedeelte van de boerderij. Ik moest kotsen, wat ik deed op de modderige grond voor de veranda. Ik spoelde mijn mond en waste mijn gezicht in de wasbak van het aanrecht.

Ik realiseerde me dat de situatie waar ik op dat moment in zat heftig was. Ik beschouwde het als een helder moment waar ik maar snel vanaf moest stappen. Ik stak een sigaret op, overdacht de situatie en vroeg mezelf af of ik ermee door moest gaan. Maar ik herpakte mezelf snel toen ik mijn ogen dicht deed en aan het plakboek dacht dat Wanda me had laten zien.

Na een kwartier keerde ik terug naar de douches en hoorde een verschrikkelijk gekrijs toen ik de deur naderde die toegang gaf tot de ruimte. Eenmaal binnen zag ik Charlie en Dieter met hun handen in hun zakken kijken naar Manuel. Hij lag met zijn handen achter zijn rug gebonden op de grond, onder een kokend hete douche. Hij gilde als een speenvarken en maakte bewegingen met zijn lichaam waarvan ik dacht dat die anatomisch gezien onmogelijk zouden zijn. Ik was bang dat voorbijgangers het gegil zouden horen dus deed ik de douche uit.

Ik had op de veranda voor de boerderij een houten tuinstoel gezien die verstelbaar was. Dieter haalde de stoel op en bond Manuel vast aan de leuningen met zijn armen, en zijn enkels aan de poten van de stoel. Charlie pakte een klauwhamer uit de gereedschapskast en ik plakte wederom zijn mond dicht met tape. Met volle kracht beukte Charlie in op de borst van de man, ik hoorde zijn ribben kraken. Zijn voeten en handen werden ook niet gespaard. Met een stanleymes sneed ik vervolgens de bovenkant van zijn beide oren af, en dat was het moment waarop Manuel brak vermoed ik.

Hij begon te huilen en probeerde ons iets duidelijk te maken. Ik trok de tape van zijn mond af waarna hij kwijlend zei dat de code 1677B was, "in de kelder" kermde hij daarop. Ik had geen flauw idee waar hij het over had en keek Charlie vragend aan, die trok zijn schouders op en zei dat hij ook niet wist waar de man het over had. Zou hij het idee hebben dat we achter zijn geld aan zaten? Hij zou ons toch herkend moeten hebben van toen we zijn rechtszaak bijwoonden leek me.

Terug in het leefgedeelte van de boerderij bespraken we de volgende stap. Ik zou samen met Dieter poolshoogte gaan nemen in het huis van Manuel. Charlie zou zich over de man ontfermen in de tijd dat we weg waren. Eenmaal in Angeren aangekomen bij de woning van Manuel zag ik dat er licht brandde in de woonkamer. Het was inmiddels diep in de nacht en zag zijn vrouw op de bank liggen toen ik door het raam keek. Ze was voor de televisie in slaap gevallen. We konden zonder moeite naar binnen omdat we de voordeursleutel uit de jaszak van Manuel hadden gepakt. Ik opende de voordeur en werd aangenaam verrast door de warmte die uit het huis ontsnapte en mijn ijskoude gezicht streelde. Meteen links lag de trap naar de eerste verdieping van het rijtjeshuis, daarnaast zat een deur die vrijwel zeker naar de kelder leidde en er recht tegenover lag de deur naar de woonkamer. Hij stond open en enigszins vertwijfeld keek ik om het hoekje naar binnen. De vrouw lag in diepe slaap op haar zij op de bank. Naast haar lag een mobiele en een vaste telefoon, ze wacht vast op een telefoontje van haar man bedacht ik me.

Ik liep naar binnen en trok de gordijnen dicht, waarna ik zo stil mogelijk de kasten en lades doorzocht. In een spierwitte vitrinekast zag ik foto's van Manuel en zijn vrouw op de mooiste dag van hun leven. Ik vond niks van waarde in de woonkamer en liep via de gang naar de keuken. Ik zag een pan met kippensoep op het fornuis staan. Ik pakte een lepel uit de lade en proefde ervan. Het was een prima soepje, alleen wat flauw naar mijn mening, dus pakte ik wat zout uit het keukenkastje, voegde wat toe aan de kippensoep en proefde wederom.

"Veel beter zo" zei ik tegen Dieter, waarop hij grijnsde en afkeurend zijn hoofd heen en weer schudde.

We liepen de kelder van het huis in en gingen op zoek naar de kluis waar de gekrenkte Manuel zo bereidwillig over sprak. Het was een ruime kelder dat was ingericht als kantoor en er stond een biljarttafel die ongetwijfeld voor een stukje ontspanning moest zorgen als de stress van het werk hem teveel werd. We liepen een rondje maar konden geen kluis of brandkast vinden. Het zou een hele stomme actie van Manuel zijn om dit uit zijn duim te zuigen, dat zou alleen maar nadelig voor hem en waarschijnlijk ook voor zijn vrouw en kinderen zijn.

Ik besloot om zijn vrouw wakker te maken en haar mee te nemen naar de kelder zodat zij de locatie van dat ding kon aanwijzen. Onderweg de trap op pakte ik een poetsdoek dat over de leuning hing, de vrouw zou waarschijnlijk gaan schreeuwen en de doek zou het geluid dempen. Op het moment dat ik de kelderdeur wilde openen hoorde ik dat typische irritante fluitje van Dieter achter me.

Toen ik achterom keek zag ik hem gehurkt zitten bij de biljarttafel Hij had een stuk tapijt omgeslagen en daar was de kluis, mooi verwerkt in de betonnen vloer. Dieter toetste de code in die Manuel ons kwijlend en piepend had gegeven, opende het deurtje en trok er een plastic boodschappentas uit. Er zat briefgeld in dat keurig in stapeltjes was verdeeld en met een elastiekje was vastgemaakt. Ook lagen er 2 vuurwapens, munitie en een sleutelbos in de kluis. We namen alles mee en liepen naar boven de keldertrap op, voorzichtig opende ik de deur en gluurde naar de huiskamer er tegenover. De brunette lag nog steeds rustig te slapen en was zo te zien geen seconde wakker geweest sinds onze binnenkomst.

Ik liep de huiskamer in en pakte de trouwfoto uit de vitrinekast, haalde het uit zijn lijstje en scheurde de foto in twee stukken. Ik legde het stuk van de mooie vrouw in haar trouwjurk naast haar hoofd op het kussen. We liepen de voordeur uit en de ijskoude winterlucht verwelkomde ons, ik pakte een sigaret en de tweede helft van de foto. Ik stak de foto in brand en lichtte mijn sigaret er mee op. Daarna gooide ik de brandende Manuel in zijn trouwpak van me af, waarna het in de sneeuw belandde en vervormde tot een onherkenbaar stukje as terwijl we in de auto stapten en wegreden.

In de auto belde ik Charlie en vertelde hem over onze vondst in de kelder, het was midden in de nacht dus vertelde ik hem dat we eerst een paar uur gingen slapen voordat we terugreden naar de drassige boerderij in België.

We besloten een hotel te pakken in Arnhem, vlakbij het Centraal station. De plek deed me terugdenken aan de situatie met de turk die we hadden mishandeld. Dieter en ik namen beiden een kamer met ligbad waar ik gretig gebruik van maakte. Nadat de roomservice mij een heerlijke biefstuk met aardappels en groente had gebracht liet ik mezelf in een warm bad zakken en begon in alle rust mijn medium gebakken stukje vlees te verorberen. Wat kan het leven toch mooi zijn.

De volgende dag werd ik wakker gebeld door Peter, hij vroeg me om naar zijn kroeg te komen als ik had ontbeten en mezelf had opgefrist. Ik trok mijn kleding aan en liep naar de kamer van Dieter. Tegen beter weten in klopte ik op de deur terwijl ik wist dat zelfs een handgranaat hem niet wakker kon krijgen als hij in coma lag. Ik besloot om de binnenstad van Arnhem in te gaan om nieuwe kleding te kopen.

Het was er gezellig druk en de kerstlichtjes en dansende Kerstmannen in de etalages gaven me een gezellig nostalgisch gevoel. Ik kocht een paar zwarte colberts en bijpassende pantalons en een paar mooie nette schoenen om het af te maken. Bij de Zeeman kocht ik een paar witte overhemden en ging langs de Hema om een warm halve rookworst met mosterd te halen.

Terug in het hotel nam ik een lange douche, scheerde mijn hoofd weer netjes kaal en trok mijn nieuwe outfit aan. Een heerlijk fris en energiek gevoel viel over me heen en ik ging positief mijn dag in. Ik besloot nog een poging te wagen om Dieter wakker te maken. Ik klopte op de deur en tot mijn grote verbazing werd er open gedaan. Hij bekeek me van top tot teen in de deuropening en een grote grijns veranderde zijn slaperige gezicht in een vrolijke spottende grimas. "Ga je solliciteren vandaag?" vroeg hij. Ik kon een glimlach niet onderdrukken, sloeg op de schorpioen op zijn achterhoofd en zei dat we moesten vertrekken.

Toen we buiten liepen en de auto naderden realiseerde ik me dat ik mijn vuurwapen op de wastafel in de hotelkamer had laten liggen. In lichte paniek sprintte ik terug naar de balie en legde uit dat ik wat belangrijks was vergeten. Zonder moeite kreeg ik de sleutel mee en rende naar de lift om de twaalfde verdieping te kunnen bereiken waar ik de nacht had doorgebracht. Ik hoopte vurig dat er na het uitchecken niet onmiddellijk een schoonmaakster op de kamer was afgestuurd, maar gelukkig lag de kamer er net zo bij als toen ik hem verliet. Ik pakte mijn hondje, zoals ik dat vuurwapen liefkozend noemde en verliet het hotel.

Op naar het café van dikke Peter, eerst een halve liter bier in mijn kop duwen voordat ik wat ga doen vandaag bedacht ik me. Eenmaal aangekomen in de kroeg zag ik tot mijn grote verbazing dat Charlie achter de bar een paar biertjes stond te tappen. Toen hij me zag wenkte hij me naar de keuken van de kroeg. Ik vroeg hem wat hij er deed en waarom hij niet in België zat bij Manuel, waarop ik te horen kreeg dat ik me daar niet druk om moest maken. Ik vermoedde meteen dat Manuel niet meer in leven was, maar heb daar nooit naar gevraagd. Ik wilde het ook niet weten want die informatie vond ik niet van belang. De man heeft zijn straf gehad en daar had ik vrede mee. Als ik een kleine optelsom maakte van deze hele situatie leek het me dat Charlie ervoor zou zorgen dat Manuel ons niet kon identificeren, hij had tenslotte onze gezichten gezien.

Zijn vermissing werd in de krant gemeld in een klein kader, de voorpagina werd gevuld door berichten over bedragen die de gemiddelde Nederlander uitgaf aan kerst en de jaarwisseling.

8

Het was het begin van een nieuw millennium, 2000 ging mijn jaar worden zo nam ik mezelf voor. De jaarwisseling was feestelijk verlopen, ik had het inluiden van het nieuwe jaar gevierd bij vrienden en geproost op vooruitgang.

Een paar maanden na oud en nieuw werd ik geconfronteerd met mijn arrogante karakter doordat ik in een situatie terechtkwam waarbij ik de dood bijna letterlijk in de ogen keek. Vanaf die dag zou ik elke dag een spreekwoordelijke spiegel bij me dragen die mij met de neus op de feiten zou drukken als ik weer eens dacht de hele wereld aan te kunnen. In die periode snoof ik veel cocaïne en had ik regelmatig ruzie met mensen waarvan ik dacht dat ze me wat aan wilden doen. Ook compleet onbekenden in de supermarkt of snackbar waren verdachten, de harddrugs maakte me achterdochtig en paranoïde.

Ik bracht nog steeds drugs en allerlei verboden middelen weg voor dikke Peter en zijn compagnons, en haalde geld op bij mensen die niet wilden of konden betalen. Daarnaast had ik ook mijn eigen handeltjes waar Peter en Charlie niks van wisten, althans daar was ik van overtuigd.

Op een zaterdagavond in april van dat jaar vond er een ingrijpende verandering plaats die invloed zou hebben op het verdere verloop van mijn leven. Het zou tevens het einde inluiden van het makkelijke leventje dat ik op dat moment leidde en mij jarenlang psychisch op de proef stellen.
Vanaf die ene zaterdag in april zou mijn leven nooit meer hetzelfde zijn. Ik kreeg die bewuste zaterdagmiddag een

telefoontje van Charlie.

Ik ontmoette hem in het Sonsbeekpark in Arnhem vlakbij een watervalletje waar het park bekend om stond bij de inwoners van de stad. We maakten een praatje waarna hij me een rugtas gaf waarin een kilo coke en een adres zat. Ik herkende het adres omdat ik er vaker was geweest om verschillende zaken af te leveren in het verleden. Het was het adres van Journey, een Antilliaanse zakenpartner van Peter en zijn neef. Deze man was altijd correct en vriendelijk, ook al hing er een duistere sluier om zijn persoon heen.

De deals en gesprekken die ik in het verleden op dat adres had gehad waren altijd soepel verlopen en ging standaard gepaard met een flesje Heineken en een bakje tijgernootjes. Dus zonder enige argwaan of gevoel van achterdocht besloot ik die avond om samen met Dieter rond een uur of acht aan te bellen bij de gigantische flat waar de Antilliaan woonde. Het was een 'standaard neger' zoals ik zijn type altijd omschreef, daarmee bedoelde ik de negers die er allemaal hetzelfde uitzagen, dezelfde kleren droegen en dezelfde mentaliteit hadden.

Op een feestje hadden ze vrijwel allemaal de woorden 'thug life' op de buik staan en de kale koppen en de gouden ringen en tanden maakten de 'standaard neger' helemaal af in mijn visie.

Journey deed goede zaken, hij kende vrijwel de gehele Antilliaanse gemeenschap in Arnhem en omstreken en had meer dan genoeg connecties op straat om zijn versneden spul aan de man te brengen.

Het leek me een standaard levering zoals ik dat al langere tijd deed. Dat duurde over het algemeen niet langer dan tien minuten, dus sprak ik met Dieter af om daarna meteen naar de binnenstad van Nijmegen te rijden om te gaan stappen. Toen we onderweg waren naar onze bestemming kreeg mijn half Duitse kameraad een telefoontje van Monique, zijn vriendin annex prostituee. Doordat een woedende en tierende Dieter elk woord herhaalde dat zij hem vertelde over zijn mobiele telefoon, kon ik afleiden dat Monique was mishandeld en beroofd door een klant. Ik kreeg een donkerbruin vermoeden dat niet Nijmegen, maar de hoerenbuurt van Arnhem onze eerstvolgende bestemming zou zijn.

Dieter parkeerde de auto voor de 18 verdiepingen tellende flat in Arnhem Zuid. Schuin tegenover de flat op een afstand van nog geen tweehonderd meter lag het Huis van Bewaring van Arnhem zuid dat ook wel de blue band bajes werd genoemd. Deze bijnaam kreeg de gevangenis omdat het grijze gebouw versierd was met blauwe strepen waardoor de gevangenis het uiterlijk kreeg van een pakje bakboter van het merk. Het was een heldere avond en de volle maan leek de parkeerplaats waar de auto geparkeerd stond extra te beschijnen. Recht tegenover de auto doemde de gigantische flat op als een reus die op ons neerkeek, de tl-buizen die de hoofdingang van de flat verlichtte nodigde ons uit om er heen te lopen en aan te bellen. Dieter was ondertussen nog steeds bezig met zijn verhitte gesprek met Monique, dus sloeg ik hem op zijn schouder en gebaarde hem dat ik snel even heen en weer zou lopen zodat we snel naar zijn vriendin toe konden rijden. De regel die ik voor mijzelf had ingesteld na de dood van Chico brak ik nu eigenhandig, ik liep de flat in zonder back up. Op de veertiende verdieping lag de woning van Journey, ik wilde eerst de lift nemen, maar die stonk zo erg naar urine dat ik besloot om de trap te nemen.

In het trappenhuis nam ik een snuif cocaïne en stak ik een sigaret op terwijl ik mijn weg naar boven vervolgde. Ik moest op de trap bijna over een Antilliaans stelletje heen stappen dat innig zoenend op de trap leunde, de vrouw had haar hand in de trainingsbroek van de man en het zou me niets verbazen als haar mond kort daarna op dezelfde locatie zou belanden. Ze schonken geen aandacht aan me toen ik hun passeerde en de laatste twee trappen op liep om de veertiende verdieping te bereiken.

Het was er druk, de voordeur van de woning stond open en er stonden mensen buiten te schreeuwen en te drinken terwijl de Jamaicaanse klanken van Seanpaul uit de speakers schalde. Ik moest mezelf een weg naar binnen wurmen, de woning was overvol en het stond er blauw van de sigarettenrook. Ik zocht mijn weg tussen een doolhof van mensen naar de woonkamer toe, Journey zou ongetwijfeld achter zijn zelfgemaakte bar staan dat hij in de woonkamer had.

Eenmaal in de woonkamer werd ik vastgegrepen door een zwarte vrouw met enorme borsten die ze vol overgave tegen mijn lichaam aandrukte terwijl ze heupwiegend tegen me aan stond te dansen. Elke keer als ik een stap wilde verzetten trok ze me terug en greep ze me bij mijn ballen of kont terwijl ze haar drankje morste, ik irriteerde me mateloos aan dat wijf en probeerde haar duidelijk te maken dat ik Journey wilde spreken. Maar ze leek me niet te horen, of ze deed duidelijk alsof.

Ik begon me steeds ongemakkelijker te voelen in de drukke luidruchtige woonkamer en wilde zo snel mogelijk weer weg, maar dat kon pas als ik het spul had afgeleverd. De zwarte vrouw kuste mij in mijn nek en sloeg haar vrije arm om mijn middel, de kamer begon te draaien en ik kreeg het benauwd. Ik moest hier weg, ik begon duizelig te worden en mijn onrustige gevoel werd met de seconde groter en groter. Het paranoïde gevoel maakte dat ik de controle over mezelf begon te verliezen, mede door het overmatige drugsgebruik van die dag. Voordat ik na kon denken pakte ik de vrouw bij haar nek en gaf haar een gigantische kopstoot op haar neus waarna ze begon te gillen. Ik wilde het huis uit vluchten maar voordat ik ook maar een stap had gezet voelde ik een extreem harde klap op mijn achterhoofd, waarna alles zwart werd.

Vervormde stemmen, alsof ik ze onder water hoorde waren de eerste signalen dat ik mijn bewustzijn terug begon te krijgen. Ik kon voelen dat mijn ogen open waren, maar alles was zo zwart als inkt.

Ik voelde een enorme pijn in mijn achterhoofd en even schoot de gedachte door mijn hoofd dat ik blind was geworden. De stemmen werden duidelijker en ook mijn zicht begon terug te komen. Ik kon nog niet scherp zien maar kon vage contouren onderscheiden, het was duidelijk dat er een hoop mensen om me heen stonden te schreeuwen.

Af en toe werd er een hand op mijn hoofd gelegd of werd ik bij mijn onderkaak vastgepakt, ik kon me niet bewegen en toen ik mijn zintuigen weer terug had kon ik zien waarom. Ik was vastgebonden, mijn handen en enkels waren met touwen vastgebonden aan een tuinstoel en ik zat op het balkon van de woning. Toen ik mijn hoofd naar rechts draaide keek ik een enorme diepte in, de lichten van de parkeerplaats lagen als lichtgevende speldenknopjes op de zwarte grond. Voor en links naast mij stond een horde Antillianen tegen mij en tegen elkaar te schreeuwen terwijl ik om de haverklap tegen de zijkant van mijn hoofd werd geslagen met een platte hand. Een van de mannen fluisterde in mijn oor dat ik naar beneden gegooid ging worden.

Ik wist niet of dat idee mij misselijk maakte of dat zijn slechte adem de oorzaak was, feit was wel dat mijn maag zich drie keer omdraaide en ik braakneigingen kreeg.

Op een gegeven moment pakten twee mannen de stoel waarop ik zat beet, tilden het op, en lieten de zijkant balanceren op de rand van het balkon. Een gigantisch gevoel van angst maakte zich van mij meester en ik begon te schreeuwen dat ze mij neer moesten zetten, waarna mijn stoel weer met een klap op het balkon werd gezet onder luid gelach.

De opluchting dat ik niet naar beneden werd gegooid maakte plaats voor woede en pure overlevingsdrang waardoor ik helemaal uit mijn dak ging en begon te trappen en te trekken met mijn vastgebonden ledematen. Ik wist mijn rechterarm los te trekken en ook mijn rechterbeen kreeg het voor elkaar om een stoelpoot te breken waarna ik als een dolle stier mezelf een weg baande naar de huiskamer van de flat.

Het lukte me al klappen en schoppen incasserend om de voordeur te bereiken, die ik met veel geweld opentrok. Met de halve stoel nog aan mijn lichaam zag ik onderaan de trap een bezwete Dieter staan met een vuurwapen in zijn hand, ik liet mezelf van de trap vallen waarop hij een paar schoten loste in de richting van de deur van de flat. In een reactie sloegen de mannen de deur dicht waardoor wij de kans hadden om ervandoor te gaan.

Dieter had me horen schreeuwen en wist daardoor dat ik op

het balkon was en in de problemen zat, en gelukkig was hij op tijd om mij uit die situatie te redden. Eenmaal verlost van mijn plastic omhulsel en terug in de auto liet ik de hele situatie op me inwerken, datgene wat ik mensen aandeed was mij aangedaan en het kostte me flink wat incasseringsvermogen om de situatie te relativeren. Ik heb daarna nog weken nachtmerries gehad. Maar ik wist het gelukkig allemaal snel weg te stoppen in een klein kastje vol met nachtmerries en weggestopte trauma's in een donker hoekje in mijn geheugen.

9

Mijn problemen waren met mijn vlucht uit de flat nog niet opgelost, ik was mijn vuurwapen kwijt en ook de kilo cocaïne was van me afgenomen. Ik vertelde Peter wat er was gebeurt die daarop stoïcijns reageerde met de opmerking "dat is jouw probleem".

In de weken daarna verslechterde de relatie tussen mij en Peter dramatisch, hij hield mij verantwoordelijk voor het verliezen van de kilo drugs en eiste dat ik hem zou compenseren. Ik werd regelmatig gebeld door verschillende mensen die mij op dreigende toon duidelijk wilde maken dat ik moest gaan betalen aan Peter of aan zijn compagnons.

Op een avond werd ik in een kroeg in Nijmegen tijdens een avondje stappen benaderd door een man toen ik stond te pissen in een van de urinoirs van het café, hij vroeg me of ik Charlie wilde bellen. Enigszins verbaasd voldeed ik aan zijn verzoek en op het moment dat ik hem aan de lijn kreeg pakte de man de telefoon uit mijn hand en legde het op de wastafel waarna ik met een boksbeugel een paar klappen op mijn gezicht kreeg.

Ik raakte in gevecht met de man en verloor, half verdoofd lag ik op de grond van het toilet toen ik de man met mijn telefoon weg zag lopen. Blijkbaar was het de bedoeling dat Charlie kon meeluisteren hoe ik in elkaar werd geslagen. Vanaf dat moment besloot ik om niet verder af te wachten en het was me ook duidelijk dat er verder geen discussie meer mogelijk was over het afhandelen van dat probleem, Peter wilde zijn geld, klaar. Ik regelde een vuurwapen en verhuisde van de Arnhemse binnenstad naar de wijk Presikhaaf in Arnhem.

Regelmatig zocht ik in die periode de natuur op om rustig na te kunnen denken. Tot op de dag van vandaag hebben bossen en waterrijke omgevingen een ontspannen uitwerking op me waarbij ik helder na kan denken en stresssituaties kan relativeren.

Niet lang na mijn verhuizing kreeg ik een telefoontje van iemand die anoniem wilde blijven, de man aan de andere kant van de lijn vertelde me dat Peter zelf degene is geweest die de rippartij van de kilo drugs had veroorzaakt. Charlie had mij helemaal geen drugs gegeven, er zat waarschijnlijk bakpoeder of zo in de verpakking.

Peter had een schuld bij een leverancier en had met de Antillianen afgesproken dat ze mij zouden rippen van de 'cocaïne'. Omdat ik de 'drugs' was kwijtgeraakt moest ik de verloren kilo aan Peter betalen, zo kon hij zijn schuld aflossen en hield Journey een leuk zakcentje over aan de situatie.

Na dat telefoontje kon ik niet helder meer nadenken, ik kookte van woede. Het verraad voelde letterlijk als een gigantisch mes in mijn rug en ik realiseerde me voor het eerst dat iedereen in die wereld een masker draagt en elkaar gebruikt om zichzelf te verrijken.

Omdat ik onderdook en niet te vinden was voor Peter en zijn achterban werden familieleden en vrienden van mij benaderd en onder druk gezet om te vertellen waar ik me schuil hield. Charlie maakte er een fulltime baan van om mij te vinden. Hij sloeg regelmatig bekenden van mij in elkaar om mijn locatie te weten te komen.

Daarom waren er maar een klein aantal mensen die van mijn verblijfplaats op de hoogte waren. Van hun kreeg ik ook elke keer te horen dat Charlie weer bezig was geweest.

Toen ik op een gegeven moment te horen kreeg dat ook mijn broers en moeder gevaar liepen en ik mezelf realiseerde dat ik in angst leefde, zag ik geen andere uitweg om de confrontatie aan te gaan met Peter en zijn kornuiten. Ook had ik extreem veel last van wraak gevoelens die met de dag erger werden.

Charlie was de grootste doorn in mijn oog op dat moment, dus moest hij als eerste uit de weg. Ik had een tijdlang nagedacht of ik Dieter in ging lichten over mijn plan om Charlie te vermoorden, maar omdat ik op dat moment niemand meer vertrouwde zag ik uiteindelijk af van het plan om hem erin te betrekken.

Een paar dagen heb ik in afzondering zitten plannen hoe en waar ik het ging doen, de stress die dat met zich meebracht was ondraaglijk en ik dronk en snoof steeds meer en vaker om de situatie voor mijn gevoel enigszins draaglijker te maken. Mijn grootste angst waren de gevolgen die de moord op Charlie teweeg zouden brengen.

Zou mijn familie daarna nog veilig zijn ? Nu waren ze dat in ieder geval niet en ik was er van overtuigd dat een ontvoering of gijzeling van een dierbare niet geschuwd werd om mij uit mijn tent te lokken.

Bij alle scenario's die ik in mijn hoofd afdraaide kwam ik telkens op dezelfde conclusie uit. Als ik niets doe pakken ze mijn familie, als ik mijn hoofd laat zien dan pakken ze mij, dus ik moet de eerste stap zetten om de beste kans te kunnen maken om het voordeligste uit deze situatie te komen, zo was mijn logische redenering op dat moment.

Charlie was de grote kracht achter Peter, dus hij moest gewoon weg.

Ik besloot om het op een zondagavond te doen, op die dag was hij vaak thuis en was het rustig op straat. Ik heb even getwijfeld of ik een bivakmuts op zou zetten, maar dan zou hij niet zien wie hem te pakken nam en dat wilde ik niet. Hij is mede verantwoordelijk voor het verraad in die situatie, dus ik wilde dat hij me aankeek als ik hem neerschoot.

Ik weet nog dat ik een zwart trainingspak aanhad met capuchon. Diezelfde zondag nog pakte ik tegen een uur of tien in de avond een taxi naar anabolen Charlie, we maken er vandaag nog een eind aan, dacht ik bij mezelf. Het was verrassend warm voor de tijd van het jaar, ik liet me afzetten op een schoolpleintje dat een kilometer of twee van het huis van Charlie af lag.

Ik stak een sigaret op en liep tussen de huizenblokken door naar de woning van mijn doelwit die waarschijnlijk nietsvermoedend op de bank lag te relaxen met een biertje en een lijntje coke. Hij verwachtte dit niet, daar was ik van overtuigd.

Het was vrij druk op straat, mensen zaten voor de deur met elkaar te kletsen en kinderen speelden ondanks het late tijdstip nog op straat met een voetbal of springtouw.

Eenmaal aangekomen bij de woning van Charlie stelde ik me verdekt op aan de overkant van het appartement in een steeg dat als bergplaats diende voor vuilnisbakken van het chinees restaurant dat aan de steeg vastzat. Vanaf daar had ik een perfect uitzicht op het huis.

Het licht in de keuken brandde, maar dat stond altijd aan dus had ik nog niet de zekerheid dat hij thuis was, ook zijn auto stond op de parkeerplaats maar hij reed vaak met anderen mee dus ook dat zei niks. Toen ik er ongeveer een kwartier stond zag ik beweging in de keuken, ik kon niet onderscheiden wie het was maar het was voor mij genoeg reden om mijn plan door te zetten.

Ik deed mijn capuchon op en liep naar de overkant. Ik moest eerst door een deur die toegang gaf tot het appartementencomplex, maar dat was geen probleem omdat ik die met een pasje van de videotheek simpel open kon flipperen. Ik drukte het pasje tussen deur en deurpost op de plek waar de klink de deurpost in ging en schoof op die manier de klink terug de deur in, zo kon ik de deur opentrekken. Eenmaal binnen rende ik de trap op die toegang gaf tot de open galerij waar de voordeur van Charlie zich bevond.

Ik laadde mijn vuurwapen door en hield het voor mijn buik met de loop naar de grond gericht, met mijn linkerhand drukte ik op de deurbel. Het duurde even voordat ik beweging zag door de troebele glazen deur. Ik had even de neiging om dwars door de deur te schieten maar het feit dat ik niet precies kon zien waar de persoon zich bevond weerhield me van die actie.

Een jonge blonde vrouw deed de deur open waarop ik snel de hand met het vuurwapen in mijn jaszak stopte. Ze had een verschrikkelijk mooi figuur gehuld in een grijsblauwe legging met bijbehorend topje. Alleen zat er een kop op dat lichaam waarvan de kraaien nog zouden wegvluchten. Het was typerend voor Charlie om dat soort vrouwen in huis te hebben, de kop maakte hem niet uit zolang het lichaam maar aantrekkelijk was. Het zou me niks verbazen als hij daadwerkelijk een zak over haar kop zou trekken als hij haar ging neuken.

Even moest ik denken aan de lachwekkende momenten die ik met hem had meegemaakt, maar dat melancholische gevoel maakte meteen plaats voor de woede die het verraad dat ik intensief voelde. Ik moest dit afmaken.

Ik vroeg aan de hork of Charlie thuis was, waarop zij bevestigend antwoordde. Ze riep hem terwijl ze terugliep naar de woonkamer waarna ik zijn gigantische gestalte in de woonkamerdeur zag verschijnen.

Ik deed een stap naar binnen en vuurde meteen. De eerste twee kogels miste doel omdat hij bukte terwijl hij zijn lichaam terug de woonkamer indraaide, de derde kogel boorde zich in de rechterzijkant van zijn buik waardoor hij ten val kwam.

Ik rende door de gang naar hem toe en gaf hem een trap in zijn gezicht waardoor hij plat op zijn rug kwam te liggen, de blonde hork begon te schreeuwen waarop ik een kogel in haar richting afvuurde die de slaapkamerdeur trof.

Ze vluchtte de slaapkamer in waarna ik het wapen op gepaste afstand richtte op het hoofd van Charlie. Voor het eerst zag ik angst in zijn ogen, een emotie die ik nog nooit eerder bij hem had gezien.

Hij smeekte me om niet te schieten, hij vertelde me dat het allemaal het idee van Peter was en hij simpelweg werkte voor de man. De woede, de angst en het verdriet van de afgelopen periode stormde als een draaikolk door me heen en kon bijna niet meer rationeel nadenken.

De man waar ik altijd zo tegenop keek lag als een kind te janken op de vloer, de minachting die ik op dat moment voelde toen ik naar hem keek was verpletterend. Voor deze man was ik ondergedoken, deze man was jarenlang een voorbeeld voor me geweest, en nu lag hij te smeken voor zijn leven.

Ik schoot niet. Ik heb mezelf nog weken daarna afgevraagd waarom ik de trekker niet had overgehaald. En tot op de dag van vandaag heb ik daar geen antwoord op.

In plaats van te schieten gaf ik hem een bericht mee voor Peter. Hij moest hem vertellen dat ik wist van de geplande hinderlaag die ik in de flat had meegemaakt en dat hij mij en mijn familie met rust moest laten. Meteen daarop vluchtte ik de flat uit, en rende in de richting van het park dat achter het appartement lag. Daar beroofde ik een jongen van zijn fiets waarna ik terugreed naar mijn onderduikadres. Eenmaal daar aangekomen legde ik mijn vuurwapen op tafel en plofte op de bank neer. Nu was het afwachten wat er ging gebeuren.

Ik stuurde mijn broers en moeder een midweek weg naar een bungalowpark zodat ze in ieder geval veilig waren voor dat moment.

Een paar dagen later was het einde oefening voor me.

10

Ik lag te slapen toen ik werd opgeschrikt door een enorme knal. Een arrestatieteam was mijn verblijfplaats met veel geweld binnengedrongen en nog voordat ik het in de gaten had stond mijn slaapkamer vol met zaklampen en getrokken vuurwapens.
Ik zou de eerste 3 jaar niet meer vrijkomen.

Eenmaal aangekomen op het politiebureau werd ik gefouilleerd en in een cel gestopt.
Ik vond de eerste dag in een politiecel altijd heerlijk om een chaos te maken bij mijn binnenkomst. Ik besloot om het de arrestantenverzorgers zo moeilijk mogelijk te maken.
In mijn gratis betonnen hotelkamer begon ik een psychologisch terreur voor te bereiden om die mensen tot waanzin te brengen, ik ging in ieder geval mijn uiterste best doen om dat te bereiken.
Het belletje waarmee ik contact kreeg met de verzorgers was een prima start voor mijn terreur. Ik drukte op het knopje waarna ik een beltoon door de speaker hoorde dat gevolgd werd door een stem dat "zeg het eens" zei, waarop ik vroeg of ik mocht bellen. "Morgen mag je bellen" zei de stem. Waarna er werd opgehangen. Ik drukte onmiddellijk weer op dat onweerstaanbare knopje drukte en vroeg om toiletpapier.
Nadat ik dat gekregen had belde ik weer en vroeg om een patatje oorlog, daarna om een blonde escorthoer, een rol behang voor de kale muren, en zo ging mijn wijsvinger ruim 2 uur lang richting dat knopje.
Op een gegeven moment zei de stem dat er niet meer

geantwoord ging worden als ik nog een keer zou bellen. Dus wachtte ik vijf minuten en drukte weer op het knopje waarna de stem een verveelde "ja?" voortbracht, waarop ik vroeg, "je zou toch niet meer antwoorden?"

Niet lang daarna werden de avondmaaltijden uitgedeeld waardoor wist ik dat het rond een uur of vijf in de middag moest zijn. En zoals verwacht probeerden mijn butlers mij terug te pakken door me een koude maaltijd te geven. Voor degenen die dit boek lezen en nog nooit een maaltijd van onze staat hebben gehad kan ik melden dat die zowel warm of koud simpelweg niet te verteren zijn.

Ook zat er een sinaasappel bij de maaltijd dat ik talloze keren doorboorde met het plastic roerstaafje dat ik eerder op de dag in mijn plastic bekertje met slappe koffie had gevonden. Ik kneep een paar keer hard in de sinaasappel waardoor het sap er goed uitliep waarna ik weer op mijn lievelingsknopje drukte en opnieuw een verveelde stem mij zonder enige oprechte belangstelling vroeg wat ik nu weer moest.

Ik vertelde de beste man dat mijn toilet verstopt was. Kort daarna opende het luik in de deur zich waarna het gezicht van een man van middelbare leeftijd verscheen die mij een toiletborstel wilde aanreiken. Meteen gooide ik met alle kracht die ik in me had de doorboorde sinaasappel in het gezicht van de man waarna het luik met veel gejammer en gescheld werd dichtgeklapt.

Nog geen minuut later werd mijn celdeur opengetrokken en zag ik dezelfde man met rode en betraande ogen staan. Hij was vergezeld van twee breedgeschouderde collega's die mij met veel geweld op mijn buik legde en mij aan handen en voeten boeide. Daarna werd ik naar een cel gedragen die niet veel verschilde van de vorige, alleen waren de dekens, matrassen en kussens niet te verscheuren.

De volgende dag werd ik voor de eerste keer verhoord door een rechercheur die duidelijk aan obesitas leed, zijn priemende blauwe varkensoogjes tuurden over zijn leesbril die een dikke moedervlek vergrootte tot het formaat van een knikker. Wat een lelijke man was dat zeg.
Ik verwachtte dat Peter of een van zijn vriendjes mij had verraden, ik was geen padvinder geweest in de afgelopen jaren en hij wist genoeg van me.
Daarom was mijn verbazing ook zo gigantisch groot toen ik hoorde dat ik verdacht werd van poging tot moord op Charlie!! Die verdomde anabolenjunk had aangifte gedaan. Mijn minachting voor de man werd alleen maar groter en was bijna lachwekkend te noemen.
Dat hij aangifte zou doen was wel het laatste wat ik van hem had verwacht. Ik besloot om te ontkennen omdat ik daarmee in ieder geval nog een kans had om op korte termijn vrij te komen.
Na twaalf dagen politiecel werd ik overgeplaatst naar het huis van bewaring van Arnhem zuid. Naar de blue band bajes, waar ik een cel kreeg dat uitkijk bood op de flat van Journey. De eerste momenten die ik beleefde in mijn nieuwe onderkomen voelde als een verademing.
Na dertien dagen in een politiecel waar ik niets anders had dan verveling en een stalen toiletpot voelde mijn cel in het hvb als een vijfsterren onderkomen in het Hilton. Het matras was er stukken zachter en kon ik er slapen onder normale dekens in plaats van de juten zakken waar ik de twee weken daarvoor onder moest bivakkeren.

Ik had ook een klein koffiezetapparaatje op cel en had ik de luxe om mijn eigen brood te smeren. Dezelfde dag nog kwam er iemand van de interne bibliotheek langs zodat ik wat boeken uit kon zoeken. Normaal had ik ook recht op een kleine televisie op cel maar aangezien ik in verband met het onderzoek geen contact met de buitenwereld mocht hebben, was me dat recht voorlopig ontnomen. Ook mocht ik geen post ontvangen, de krant lezen of bezoek van vrienden en familie krijgen.

Ik heb ruim een maand op die beperkingen gezeten voordat ik mee kon draaien in het reguliere regime van het huis van bewaring, in die tijd heb ik vooral veel brieven geschreven die ik bewaarde tot ik ze mocht versturen en heb ik talloze boeken verslonden. De stilte in de avond was het vervelendste, op dat soort momenten realiseerde ik me hoe vanzelfsprekend ik de aanwezigheid van een televisie vond.

Regelmatig werd ik uit mijn cel gehaald om gehoord te worden door de rechercheurs die mijn zaak behandelden en had ik vaak contact met mijn advocaat die mij voorzag van advies en mij hielp met het afhandelen van allerlei praktische zaken waar ik op dat moment niet toe in staat was in verband met mijn beperkingen.

Na anderhalve maand werden mijn beperkingen opgeheven en kreeg ik een televisie die ik moest huren voor 7,50 per week, ook kon ik eindelijk mijn familie bellen en de brieven versturen die ik had geschreven.

Ik had ook de mogelijkheid om te sporten en kon ik geestdodend werk doen waar ik net een tientje in de week mee verdiende.

Ik werd in de wasserij geplaatst die de lakens van het hvb en omliggende gevangenissen waste, ik was altijd blij als ik de schone lakens in een persmachine kon leggen want de vieze lakens en handdoeken uitzoeken was een baantje waar je letterlijk van over je nek ging. Sommige gevangenen maakte er blijkbaar een hobby van om zoveel mogelijk lakens onder te schijten en/of te kotsen.

Ook was er een uurtje per dag om te luchten. Dat hield in dat men een uurtje op een binnenplaats kon rondlopen, sporten of hardlopen, persoonlijk vond ik het altijd heerlijk om wat frisse lucht in te ademen na 23 uur bedompte gevangenislucht.

En dan was er recreatie, dat hield in dat gevangenen op de afdeling konden rondlopen, tafeltennissen, koken, bellen enz. Dit alles bij elkaar gebeurde volgens een strak schema.

Iedereen heeft een eigen manier om met de gevangenschap om te gaan, de een blowt en slaapt zichzelf door de tijd heen, de ander leest hele dagen en puzzelt, ik was iemand die veel sportte, brieven schreef en boeken las over gevangenen die vastzaten in het buitenland.

Op dagen dat ik mijn situatie helemaal zat was en er donkere wolken boven mijn hoofd zweefden wist ik dat te verdrijven door mezelf moe te trainen of door een boek te lezen over een man die 15 jaar heeft opgeknapt in een thaise cel. Als ik dat las kon ik mijn eigen situatie een beetje relativeren.

Ondanks alles heb ik altijd wel veel gelachen daar en denk ik met een gemengd gevoel terug aan die tijd. Er kwamen soms wel wat vechtpartijen voor, maar over het algemeen heb ik de tijd vooral ervaren als saai en deed ik mijn uiterste best om niet af te stompen.

In al die tijd heb ik maar één conflict gehad met een Surinamer die (met voorbedachte rade) vlees uit mijn pan wilde stelen.

Ik had een karbonaadje gekocht, wat aardappels gekookt en had een klein blikje doperwten staan om warm te maken. In de gevangenis worden woekerprijzen gehanteerd. Als het om boodschappen gaat is alles minstens 50% duurder dan buiten de muren, dus ook mijn stukje vlees. Op het moment dat ik mijn karbonaadje aan het bakken was kwam er een Surinamer (met een vork in zijn hand) het keukentje binnen lopen waarna hij doodleuk onder mijn neus het stukje vlees uit de pan pakte en weer wegliep.

Ik dacht eerst dat het een grapje was, maar ik had de man nog nooit gesproken. Ik werd daar zo kwaad om dat ik het blikje doperwten pakte en het met volle kracht een paar keer op zijn achterhoofd sloeg, waarna hij samen met mijn karbonaadje bewusteloos op de vloer viel.

Ik pakte mijn stukje vlees op en legde het terug in de pan, maar het duurde niet lang voordat er alarm werd geslagen en ik het hele isoleercelproces in moest.

Ik heb er niet lang gezeten, na een dag mocht ik er weer uit nadat ik door de directeur gehoord was.

Ik had mazzel, mijn hand was er minder goed aan toe, die was zwaar gekneusd.

Na een paar maanden kwam mijn zaak voor de rechter en eiste de officier van justitie een gevangenisstraf van zeven jaar. Twee weken later kwam de uitspraak, en tot mijn opluchting werd ik niet veroordeeld conform de eis.

De rechter sprak een gevangenisstraf van 60 maanden uit, vijf jaar dus. Daarvan heb ik er uiteindelijk 3,5 uitgezeten.

Na mijn veroordeling werd ik overgeplaatst naar een penitentiaire inrichting in Zutphen, een gevangenis voor mensen die de veroordeelde straf moeten uitzitten. Daar had ik iets meer bewegingsruimte en heb er een schildersopleiding gevolgd, die ik niet heb afgerond omdat ik vrijkwam.

Uiteindelijk stond ik met twee sporttassen vol met kleding buiten de gevangenispoort. De euro was inmiddels ingevoerd en had er daarvan twaalf op zak.

Een enkeltje Arnhem was me ook nog gegund, dus pakte ik de trein terug naar de stad waar het allemaal was begonnen, maar waar het nog lang niet zou eindigen.

11

Eenmaal terug in Arnhem weigerde ik een beroep te doen op oude bekenden om mij in huis op te nemen of geld te lenen. Ze hadden me ook laten barsten toen ik vastzat en daardoor was mijn trots te groot om er aan te bellen. Ik stond letterlijk op straat. In de eerste weken ging ik bij mijn moeder in huis slapen, maar dat ging door ruzies al snel verkeerd waardoor ik weer vertrok en mezelf realiseerde dat ik een som geld nodig had om op mijn eigen benen te kunnen staan. Met dat geld kon ik ergens een kamer huren, een legitimatiebewijs aanvragen en werk zoeken. Ik had niemand bij wie ik geld kon lenen en ook werken was geen optie omdat ik geen vaste woon of verblijfplaats had en mezelf nergens kon legitimeren. Terug de criminaliteit in was voor mijn gevoel de enige snelle manier om aan een flink bedrag te komen waarmee ik mijn plannen ten uitvoer kon brengen.

Ik leende een tientje van mijn broer, die nog thuis woonde, haalde een paar biertjes in de supermarkt en ging op een bankje in een park zitten nadenken hoe ik zo snel mogelijk aan cash geld kon komen. Iemand op straat beroven levert te weinig op en terug de drugshandel in wilde ik niet meer na alles wat ik had meegemaakt. Uiteindelijk besloot ik om een overval op een winkel te plegen. Een snackbar in Arnhem Zuid was het doelwit omdat er na acht uur in de avond maar één persoon werkzaam was en de locatie perfect was omdat het aan de rand van een park lag waar ik snel weg kon komen.

In de uren voor de overval regelde ik een brommer en reed daarmee naar een middelbare school die vlakbij de snackbar lag, daar parkeerde ik de brommer in een fietsenstalling. Ik had die middag een slagersmes gestolen bij een warenhuis en ook een muts en een sjaal belandde in mijn jaszak waarmee ik simpelweg door de detectiepoortjes naar buiten liep.

Ik liep vanaf de fietsenstalling door een gedeelte van het nabijgelegen park naar de snackbar en stelde mezelf verdekt op in het struikgewas dat aan de achterkant van het pand lag. Hier had ik uitkijk op de achteruitingang en de vuilcontainer van de snackbar. Ik wist dat het om 01:00 sluitingstijd was en de medewerker vlak daarvoor vuilniszakken en kartonnen dozen kwam legen in de vuilcontainer.

Het wachten duurde een eeuwigheid en mijn hart ging ongelofelijk tekeer, het was volle maan en ondanks dat het struikgewas me verdekte ketste het maanlicht af op het splinternieuwe mes dat ik in mijn hand had. Ik stak het in de grond om de weerkaatsing ongedaan te maken en bereidde mezelf voor op de actie die komen ging.

Tussen mij en de achteruitingang lag een fietspad en ik hoopte vurig dat er geen voorbijgangers zouden passeren op het moment dat ik mijn prooi aan ging vallen. Op het moment dat de achterdeur openging brak het zweet me uit, nu moest ik in actie komen. Ik trok het mes uit de grond en sprong zo snel als ik kon uit de struiken en sprintte over het fietspad in de richting van de cafetariamedewerker.

De jongen wist niet wat hem overkwam toen ik hem met veel geweld bij zijn haren pakte en hem met het vleesmes op zijn keel terug de snackbar in dirigeerde.

Eenmaal binnen duwde ik hem met zijn buik op de grond,

rende terug naar de achterdeur en sloot die zo snel mogelijk. Gehurkt sloop ik terug naar de jongen, die achter de balie van de snackbar lag te trillen. Ik besloot om mezelf verdekt achter de balie te blijven opstellen omdat ik niet wilde dat eventuele voorbijgangers aan de voorkant van de snackbar een gemaskerde man achter de kassa zouden zien staan.

Ik fouilleerde de jongen en vond een portemonnee in zijn achterzak, die ik hem afnam en in mijn broekzak stopte. Daarna droeg ik hem op om de kassalade te openen, wat hij volgzaam deed.

Ik griste het geld uit de kassalade en stopte dat in een papieren zakje dat ik van een plankje achter de balie had gepakt. Daarna drukte ik de punt van het mes in de achterkant van zijn nek en fluisterde in zijn oor dat hij moest blijven liggen totdat ik terugkwam. De jongen knikte zijn bezwete hoofd, waarna ik de achterdeur uit sprong en dwars door de struiken het nabijgelegen park in rende.

De hele overval had net een paar minuten geduurd. Met een bonzend hart en piepende longen bereikte ik de middelbare school waar ik de brommer had gestald. Het voertuig startte niet meteen waardoor ik in een lichte paniek raakte, maar na een paar keer als een bezetene op de kickstart getrapt te hebben startte de brommer toch en kon ik mijn vlucht voortzetten.

Ik besloot om naar een nabijgelegen recreatieplas te rijden om even tot rust te komen. Onderweg werd ik verrast door de felle zwaailichten van een tegemoetkomende politieauto en hoopte met alles wat me op dat moment lief was dat ik niet werd opgemerkt, wat gelukkig ook niet gebeurde. Eenmaal aangekomen op recreatiegebied De Rijkerswoerdse plassen parkeerde ik de scooter achter een openbaar toilet en ging op een bankje zitten dat uitzicht gaf op het water. Het was er stil en verlaten op een paar zwanen en ruziënde eenden na. Ik pakte de portemonnee van de jongen en het papieren zakje met geld uit mijn zak en telde de inhoud bij elkaar op. De uitkomst was verassend teleurstellend te noemen. Met de inhoud kon ik net een paar dagen overleven, dus besloot ik om het geld te investeren en een vuurwapen aan te schaffen. Ik had meer geld nodig om mezelf weer omhoog te kunnen trekken en met een paar honderd euro ging dat niet lukken, zo redeneerde ik.

De eerste optie die bij me opkwam was een crimineel die ik had leren kennen toen ik vastzat in Zutphen. Hij was eerder vrijgekomen dan ik en heeft me later een paar kaartjes gestuurd waar hij zijn telefoonnummer op had gezet. Het was inmiddels al diep in de nacht en ik was doodmoe, dus wilde ik wat rust pakken voordat ik verder zou gaan met mijn planning.

Ik besloot om de brommer te laten staan en een stukje te lopen naar een autosloperij dat een kwartiertje verderop gevestigd was. Daar zocht ik een comfortabele sloopauto uit waarin ik op de achterbank ging liggen.

Ik sloot mijn ogen en alleen het geluid van de krekels en eenden hielden me gezelschap. Een gevoel van eenzaamheid maakte zich van mij meester, Ik lag in de goot en was vastbesloten om daar zo snel mogelijk weer uit te klimmen.

Een paar uur later werd ik gewekt door een hels kabaal en schreeuwende mensen. Ik gluurde door de achterruit van de sloopauto en zag mensen druk bezig met het verslepen van auto's of het demonteren ervan op het terrein. Dat was voor mij het teken om mijn slaapplaats te verlaten.

12

De eerste plek waar ik naartoe moest was de locatie waar ik mijn sporttassen en agenda met contacten had gestald, een kelderbox in een flat van 3 verdiepingen in mijn oude achterstandswijk.

Ik stopte het vleesmes in de binnenzak van mijn jas, ik had het tijdens mijn schoonheidsslaapje in de achterbank van het wrak gestoken zodat ik er snel bij kon als ik betrapt zou worden door de eigenaren van het bedrijf.

De volgende bestemming was Malburgen, de achterstandswijk in Arnhem Zuid waar zoveel pijnlijke en mooie herinneringen lagen. Als een volleerd ninja kroop ik uit de sloopauto en zigzagde tussen de andere wrakken door om uiteindelijk door een open gat in het hek van het bedrijf te verdwijnen.

Ik voelde me smerig en moe, ik had dringend schone kleren en een lange douche nodig om mijn zelfvertrouwen en gemoedsrust weer een positieve draai te kunnen geven. Na een kwartiertje lopen vond ik een bushalte en nog geen vijf minuten later zat ik in een stadsbus die mij even later weer afzette op de Huissenseweg in Malburgen, een doorgaande weg langs de wijk waar verschillende winkels en horecagelegenheden gevestigd waren.

Het was op dat moment hartje herfst en het begon hevig te regenen, ik had het koud en had al in tijden niks gegeten dus besloot ik om mezelf te trakteren op een patatje oorlog, een kroket en een blikje cola. Ik liet het inpakken door de vriendelijke man achter de kassa, de neiging om zijn cafetaria te overvallen had ik niet na de teleurstellende buit van de nacht ervoor, dus met een oprechte glimlach verliet ik zijn zaak.

Op een paar minuten lopen van de snackbar lag de flat waar ik mijn tassen had verborgen, het waren flats die in de jaren 60 gebouwd waren voor arbeiders die werkzaam waren in het noordelijke deel van Arnhem en de troosteloze historie was duidelijk terug te zien in de architectuur van de flats en de omliggende eengezinswoningen.

Door mijn verleden en conflicten in de stad en het feit dat ik toch een bekend gezicht was voor velen die er woonden verplaatste ik me zo onopvallend mogelijk, het bestellen van mijn patatje vond ik al risicovol, maar de honger en dorst deden me besluiten om toch het risico te nemen.

Ik wilde geen bekenden tegenkomen om de simpele reden dat ik niemand vertrouwde, dus nam ik steegjes en verlaten speeltuintjes als route naar de flat. Eenmaal aangekomen verschafte ik me via de achterkant van de flat toegang tot het kelderboxcomplex door simpelweg de deur open te flipperen met een stuk hard plastic en eenmaal binnen voelde ik me eindelijk wat rustiger en minder paranoïde.

Ik liep naar de bergruimte waar ik mijn tassen had verstopt en barricadeerde de deur toen ik binnen was. Omdat ik wist dat de bijbehorende woning van de berging leeg stond, hoefde ik dus niet bang te zijn voor onverwacht bezoek.

Ik trok een paar rotte platen hout weg en tot mijn grote opluchting vond ik daar mijn vertrouwde sporttassen.

Enigszins tevreden ging ik op één van de tassen zitten en scheurde de zakjes van mijn feestmaal open, ik opende het blikje cola en nam gulzig een paar flinke slokken van het magische spul, het leven is zo slecht nog niet, bedacht ik me.

Op loopafstand van de flat lag een overdekt zwembad. Ik had er vaak gezwommen toen ik en mijn broertjes nog kinderen waren en besloot dat het de beste plek was om te douchen en van kleding te wisselen.

Toen ik er binnen stapte werd ik bijna omver geslagen door de chloorlucht en het benauwde klimaat dat kenmerkend is voor overdekte zwembaden. Buiten was het guur en koud en moest even wennen aan de wisseling van de temperatuur.

De sporttassen had ik achtergelaten in de flat en had er een set schone kleding uitgepakt dat ik in een plastic tas bij me droeg, ik kon niet wachten tot ik me weer heerlijk fris en schoon voelde.

Achter de balie zat een puisterig pubermeisje die me met een gigantische glimlach begroette, ik weet tot op de dag van vandaag niet zeker of ze me toen uitlachte of toelachte. Ik betaalde de bakvis en liep door de poortjes naar de kleedruimte waar ik de smerige kleding van mijn lijf trok op uitzondering van mijn goedkope Zeeman boxershort. Daarna liep ik naar de openbare douches en heb daar de lekkerste douche van mijn leven meegemaakt.

Wat een overdosis positiviteit en energie kan een mens krijgen door een beetje water zeg. Ik had geen douchegel, maar een zwaar behaarde maar vriendelijke man die zich er af stond te spoelen na een dag zwemmen had er geen problemen mee om mij een beetje te geven.

Eenmaal opgefrist realiseerde ik me dat ik geen handdoek had, dus ben ik op rooftocht gegaan langs de kleedhokjes waar ik een felgekleurde handdoek vond waar ik me mee afdroogde.

Eenmaal buiten het zwembad kon ik genieten van de koude lucht in mijn gezicht en had ik weer de motivatie om te vechten tegen mijn lot op dat moment. Vanavond slaap ik in een hotel of in een gevangenis en er is niemand die mij ongestraft in de weg gaat zitten vandaag, zo nam ik me voor.

Ik vertrok met de bus richting het stadshart van Arnhem en kocht er een goedkope mobiele telefoon waarmee ik Gerard belde, de man waar ik tijdens mijn gevangenschap zo goed mee op kon schieten.

Maar tot mijn teleurstelling kreeg ik door een monotone robotachtige vrouwenstem te horen dat het mobiele nummer dat ik had gedraaid niet in gebruik was. Ik realiseerde me dat ik geen andere keus had dan contact op te nemen met de mensen waar ik zaken mee deed in het verleden, en de enige persoon die mij nog enigszins betrouwbaar leek was Dieter. Voor zover ik wist had hij niks te maken met de hinderlaag waar ik in was gelopen, maar hij werkte wel voor Peter en Charlie toen ik vast kwam te zitten voor die schietpartij.

De enige link die ik kon verzinnen waar ik de juiste informatie uit kon krijgen was zijn vriendin, Melanie de prostituee. Ik vertrok richting de hoerenbuurt van Arnhem met de hoop dat zij nog steeds haar geld op haar rug zou verdienen, maar ik trof er alleen Layla, de buurvrouw.

Ze leek duidelijk te schrikken toen ze me voor het raam van haar peeskamertje zag staan, maar toch was ze zo vriendelijk om me binnen te laten.

"Ik dacht dat je onderhand wel dood zou zijn", zei ze argwanend.

Ik vertelde haar dat ik geluk had gehad en dat ik dringend in contact moest komen met Dieter.

"Monique is dood", zei ze terwijl ze me treurig en plechtig aankeek en een trek van haar menthol sigaret nam.

"Melanie de hoer bestaat niet meer, alleen een dode Monique", zei ze.

Ik kreeg een verwijtende blik terwijl ze opstond en haar sigaret uitdrukte op een houten asbakje naast haar bed. Ik vroeg haar wat er was gebeurt en kreeg te horen dat een doorgesnoven Dieter een zelfmoordpoging had gedaan, en haar mee de dood in wilde nemen. Hij was op de kade met volle vaart tegen een pilaar van de John Frostbrug in Arnhem gereden, maar had het overleefd, Monique had minder geluk en werd uit de auto geslingerd. Uren later werd ze dood teruggevonden in het koude water van de Rijn.

"Dieter had een paar weken in coma gelegen. De politie heeft onderzoek gedaan naar het ongeval, maar kwam tot de conclusie dat het een noodlottig ongeluk was geweest." zei ze.

"De klootzak zat al weken te verkondigen dat hij zichzelf van kant wilde maken en Monique mee wilde nemen, dus wat de wouten ook zeggen, ik weet wel beter" zei ze terwijl ze zenuwachtig met een aansteker op haar knie zat te tikken.

"Weet jij waar hij uithangt ?", vroeg ik haar.

"Ik hoop dat hij ligt te rotten in zijn graf met die achterlijke schorpioen van hem".

"Ik mis haar zo erg he" vervolgde ze terwijl ze de tranen in haar ogen probeerde te verbergen.

"Het was godverdomme een lief meisje, ik heb haar zo vaak gevraagd of ze met hem wilde kappen, maar ze hield van die klootzak".

Gefrustreerd gooide ze haar aansteker in de hoek van haar peeskamertje, pakte een sigaret en vroeg me om een vuurtje.

Ik vertelde haar waar ik had uitgehangen en gaf een beknopte versie van datgene wat er in de afgelopen jaren was gebeurd. "Ik heb echt dringend geld nodig" zei ik terwijl ik enigszins beschaamd naar het versleten tapijt op de vloer keek.

"Ik heb een startkapitaal nodig om mezelf weer uit de goot te trekken" vertelde ik haar terwijl ik de mentholsigaret uit haar handen pakte en er een trekje van nam.

Ik wist mezelf geen houding te geven en vroeg haar wederom of ze me kon vertellen waar Dieter uithing.

"Die mof is niet te vertrouwen, blijf maar bij hem vandaan" zei ze terwijl ze opstond en het kamertje uitliep. Ik stond op en gluurde door de dichte gordijnen naar buiten waarna ik meteen een geile blik van een voorbijganger te verwerken kreeg, waarop ik snel het gordijn weer dichttrok en ging zitten.

"Ik heb wat voor je" zei Layla.

Ze kwam het peeskamertje weer binnen en drukte een schoenendoos in mijn hand.

"Meer dan dit kan ik je niet geven" zei ze en gaf er een prachtige glimlach bij cadeau.

Ik maakte de doos open en tot mijn verbijstering zat er een vuurwapen en een foto van een gelukkig uitziende Dieter en Monique op vakantie in. Er zaten ook een stapel liefdesbrieven in die door Dieter waren geschreven toen hij weer eens in detentie zat en zijn hoertje miste.

"Dit was van Monique" vertelde ze me terwijl ze opnieuw een sigaret aanstak en de rook door haar neus liet ontsnappen.

Ik haalde het magazijn uit het wapen en zag dat er 4 kogels in zaten. Ik trok de slede naar achteren en zag dat het wapen niet doorgeladen was, waarna ik het magazijn terug in de patroonhouder deed. Ik deed het vuurwapen in de binnenzak van mijn leren jas en pakte de foto.

Een breed lachende Monique bereikte mijn netvlies evenals een nors kijkende Dieter. Ik vermoedde dat de foto in het buitenland was genomen omdat de rotsachtige omgeving op de achtergrond totaal niets gemeen had met het landschap van ons kikkerlandje.

"Schiet die vieze junk alsjeblieft naar de andere kant met zijn eigen wapen als je hem ziet" zei ze met een diep hatelijke blik in haar ogen.

Ik bedankte Layla en wenste haar het beste waarna ik de voordeur van het pand uit liep en meteen nieuwsgierige blikken kreeg van rondlopende opgewonden mannen die waarschijnlijk een vrouw en kinderen thuis hadden zitten.

Ik had eindelijk het gevoel dat ik weer kon ademen, met een vuurwapen waren de mogelijkheden om aan geld te komen eindeloos. Ik ritste mijn jas dicht en besloot om de trein naar Wageningen te pakken. Daar kon ik ongestoord en anoniem rondlopen en ik wist dat daar een chinees restaurant zat dat verschrikkelijk goed liep en waar geen pin betalingen gedaan konden worden.

In de trein pakte ik mijn agenda uit mijn jaszak en bladerde er wat doorheen, het was een christelijke agenda vol met preken en religieuze leuzen en tekeningen. Ik kreeg het van een medewerker van de geestelijke dienst in P.I Zutphen, dit waren medewerkers van een interne kerk in de gevangenis waar moordenaars en kinderverkrachters tot God konden bidden.

'Oh vader vergeef ons onze zonden, of in ieder geval totdat ik weer vrijkom'.

13

Ik bladerde er wat doorheen en liet mijn oog vallen op het telefoonnummer van een medegedetineerde die ruim een jaar voor mijn vrijlating was vrijgekomen.

Ronnie was een autodief annex inbreker. Toen we samen op dezelfde afdeling zaten heb ik regelmatig met hem aan de biljarttafel gestaan en heb daardoor ook regelmatig een pakje sigaretten aan hem moeten afgeven.
Hij was verschrikkelijk goed in het spel en won ook regelmatig toernooien die door gedetineerden en bewaarders werden georganiseerd. Om geld mocht niet gespeeld worden in de gevangenis, dus waren het meestal voedsel of douchepakketten dat hij na de finale meenam naar zijn cel.
Het was een aardige gozer, niet veel ouder dan ik en hij zag eruit alsof hij in de gabbertijd was blijven hangen.
Ik wist dat hij samen met zijn vriendin in Nijmegen woonde en een Duitse herder als huisdier had die Raika heette. Hij had meer foto's van Raika in zijn cel hangen dan van zijn vriendin, waar ik hem regelmatig mee pestte.
"Hoe is het met je teef ?" vroeg ik hem lachend waarna ik een koffiekopje of slipper kon ontwijken als antwoord.
Hij zou perfect zijn om mij te helpen met mijn plan om het restaurant te overvallen. Ik nam mezelf voor om hem de volgende dag te bellen, maar eerst had ik een fatsoenlijke slaapplaats nodig om na te kunnen denken en te plannen.

Eenmaal aangekomen op station Ede-Wageningen was ik van plan om meteen de bus naar Wageningen te pakken, maar het leek me niet verstandig om een paar dagen rond te lopen op een plek waar ik later een strafbaar feit zou gaan plegen, dus besloot ik om in Ede te blijven en daar een goedkoop hotel te boeken. De avond was inmiddels aangebroken en de nacht die ik had doorgebracht in de sloopauto was verre van comfortabel geweest, dus was ik toe aan een avondje rust zodat ik mijn hoofd helder kon krijgen en de nodige slaap in kon halen.

Tijdens het inchecken in het kleine hotel kreeg ik te horen dat ik mezelf moest legitimeren, maar had geen identiteitskaart. Gefrustreerd verliet ik het slaaphuis en liep in de richting van het uitgaanscentrum van Ede terwijl ik ondertussen aan het brainstormen was hoe ik een fatsoenlijke slaapplaats en een warme douche voor elkaar ging krijgen.

Een baksteen door de ruit van het plaatselijke politiebureau gooien passeerde mijn gedachten maar ik kon me betere slaapplaatsen voorstellen, daarbij vond ik het eten dat daar geserveerd werd gewoonweg smakeloos en het personeel te dominant en onbeschoft, dus liet ik dat idee varen.

Ik had mezelf voorgenomen dat ik die avond in een hotel of gevangenis zou slapen, opnieuw in het wrak van een auto of een koude kelderbox was simpelweg geen optie. Ik liep naar de plaatselijke snackbar, kocht er een sixpack bier en vervolgde mijn weg richting het centrum.

Het was vrijdagavond en dronken jongeren die al kotsend en schreeuwend van kroeg naar kroeg liepen domineerden het straatbeeld. Ik trok mijn jas dicht en ging op een houten bankje zitten dat vlak naast een standbeeld stond dat duidelijk als toilet diende voor de plaatselijke duivenpopulatie. Ik stak een sigaret op en bekeek de vrolijk zingende mensen op straat die waarschijnlijk over een paar uur ruziemakend en wildplassend richting huis zouden gaan.

Ik inhaleerde de sigarettenrook alsof het mijn laatste hap levenslucht was en liet mijn hoofd naar achteren hangen terwijl ik hoopte dat er op dat moment geen duif was die mij aanzag voor een net geplaatst standbeeld.

Plotseling wist ik hoe ik mezelf ging verzekeren van een welverdiende nachtrust. Tevreden met mijn plan dronk ik mijn biertjes leeg en genoot van de sfeer op het plein, nu ik wist dat ik die nacht goed uit kon rusten viel er een last van mijn schouders.

Ik zocht een café op waarvan de beveiliging er minimaal leek, ik had een vuurwapen bij me en zat dus niet te wachten op fouillerende portiers of overactieve detectiepoortjes.

Het was een café waar de misselijkmakende klanken van apres-ski liedjes uit de boxen knalden, terwijl geile puisterige jongens en mollige meisjes uitbeeldden hoe een toeter op een waterscooter eruitzag.

Ik wurmde mezelf naar binnen en liep naar de bar, wat niet meteen lukte omdat een groepje dikke wijven de polonaise aan het dansen waren. Ik moest even denken aan de olifanten scene uit de disneyfilm jungle book en kreeg een glimlach op mijn gezicht die meteen werd beantwoord door de beugeldragende brunette aan het einde van de horde.

Enigszins beschaamd wist ik de bar te bereiken en bestelde er na een tijdje wachten een bacardi-cola die ik met veel moeite naar een hoek van de kroeg wist te krijgen.

Ik zette mijn drankje op een plank vol met lege glazen en flessen en keek dankzij een verhoging op de vloer als een leeuw uit over de menigte, ondanks de kut muziek voelde ik me toch enigszins vrolijk en ontspannen.

Een tijdje later zag ik haar, een blondine aan de andere kant van de kroeg. Ze zat aan de bar een beetje onzeker heupwiegend op een barkruk mee te bewegen op de luide muziek. In haar hand zag ik een gifgroen drankje en ik had het idee dat ze geen vrienden of kennissen bij zich had, al verbaasde dat me niet omdat ze minimaal 100 kg schoon aan de haak was, zo redeneerde ik.

Die heeft de afgelopen jaren boodschappen gedaan met een obesi-tas grapte ik hardop en moest om mezelf lachen terwijl ik een flinke slok van mijn drankje nam. Zij was het perfecte doelwit voor mijn plan en het duurde ook niet lang voordat ik naast haar aan de bar stond.

Ze had een beige blouse aan dat ruim zicht gaf op haar decolleté en daaronder een kanten beha die er doorheen scheen. Haar zwarte legging was versierd met zilveren knoopjes en ze droeg de lelijkste instappers die ik ooit in mijn leven had gezien. Om haar nek sierde een ketting met de naam Tamara waardoor ik er vanuit ging dat het haar naam was.

"Hey Tamara, hoe gaat het"? Zei ik terwijl ik haar een klein duwtje met mijn schouder gaf. Ze keek me enigszins verbaasd aan.

"Goed hoor, zolang je me wat te drinken geeft" was haar antwoord.

Ze was die avond op stap gegaan met een vriendin en was haar in de loop van de avond kwijtgeraakt toen die met een jongen even sigaretten ging halen, zo vertelde ze me later. Daaruit kon ik opmaken dat ze simpelweg gedumpt was door haar hartsvriendin en haar nieuwe speeltje.

Ik vertelde haar dat ik nieuw was in de omgeving en wel een gids in het uitgaansleven van Ede kon gebruiken. Ze was duidelijk blij met de aandacht die ik haar gaf en ik maakte haar wijs dat ik op doorreis was, werkzaam voor een bedrijf dat alarmsystemen aanlegt door heel Europa.

Na een half uur zei ik tegen haar dat ik een rustigere plek op wilde zoeken zodat ik haar wat beter kon leren kennen. Ik was even bang dat ze me af zou wijzen en naar huis zou willen, maar gelukkig was ze niet zo moe als dat ze eruit zag en stemde in.

Toen we buiten waren besloot ze om op een bankje te gaan zitten en verder te praten, waar ik absoluut geen zin in had. Een half saai levensverhaal en een half pakje sigaretten later besloot ik om er een einde aan te maken, ze had genoeg van mijn tijd leeggezogen en het werd alleen maar later.

Ik stond op en pakte haar bij haar hand, die ik zachtjes omhoog trok zodat ze wist dat ik van haar verlangde dat ze opstond. Ze stond op waarop ik mijn sigaret weggooide, mijn linkerhand op haar schouder legde en mijn rechterhand op haar wang. Ik trok haar gezicht langzaam naar die van mij en kuste haar zachtjes.

Haar ademhaling schokte en ze kneep zachtjes in mijn bovenarm, ze was dit duidelijk niet gewend. En daar stond ik dan, in het midden van de nacht, in het centrum van Ede liefdevol te bekvechten met dikke Tamara.

Ik krijg nog steeds een glimlach op mijn gezicht als ik daar aan denk. Ze was absoluut mijn type niet en ik wilde zo snel mogelijk van haar af, maar ze moest er eerst voor zorgen dat ik toegang kreeg tot een warme douche en een bed.

Ik stelde voor om een hotel te pakken voor de nacht waar ze

gretig mee instemde omdat ze nog lang niet weg wilde lopen van een gevoel dat ze weinig kreeg van mannen. Ze was een onzeker meisje, dat was duidelijk. Ze gaf toe aan het gevoel dat ik haar gaf en ze begon zichzelf steeds relaxter te gedragen, ze lachte om alles wat ik zei en zat constant met haar blonde haren te zwaaien. Het onzekere meisje kroop uit haar schulp. Maar haar blonde haren, haar zwarte legging met zilveren knoopjes en haar complete levensverhaal interesseerde me niks. Ze had maar één ding wat haar aantrekkelijk maakte, en dat was haar legitimatiebewijs.

We namen onze intrek in een hotel dat aan de rand van het uitgaansgebied lag. Het was een bijzonder klein hotel met maximaal 12 kamers en een klein restaurantje op de begane grond. De inrichting was duidelijk afgeleid van de Zwitserse cultuur. Foto's van rotsachtige landschappen en besneeuwde bergtoppen sierde aan de muren van de lobby dat was opgetrokken uit houten balken en planken.

Een blonde vrouw met vlechtjes en een wenkbrauwpiercing stond achter de balie aantekeningen te maken in een boek dat zo dik was dat het zomaar van Sinterklaas kon zijn.

Toen ze ons opmerkte toverde ze haar geconcentreerde gezicht om tot een betoverende glimlach en begroette ons hartelijk in Hotel De Hoeve. Toen Tamara ons had ingeschreven werden we door de vrolijke vrouw naar onze kamer gebracht, waar we na het geven van een redelijke fooi werden achtergelaten.

Ik deed mijn jas uit en gooide het op bed terwijl ik de kamer in me opnam. Het was een middelgrote kamer dat net zoals de lobby versierd was met houten balken aan het plafond en robuust uitziende planken tegen de muren, waardoor de kamer de uitstraling kreeg van een boswachters huisje. Er hingen afschuwelijke gordijnen met rood/groene vierkantjes en boven de televisie hing een hertenkop aan de muur dat duidelijk een imitatie was.

"Gezellig toch?" zei mijn voluptueuze gezelschap terwijl ze haar vadsige lichaam op bed liet vallen,

"hier kunnen we mooi de nacht doorbrengen".

Het laatste waar ik op dat moment zin in had was gezelschap, ik had mijn doel bereikt en het werd tijd om haar te dumpen zoals ik met al het gereedschap deed dat ik gebruikte om mijn doel te bereiken. Tot overmaat van ramp begon ze zich ook nog uit te kleden, zonder kleding leek ze nog dikker en ik zag dat ze een gigantisch litteken op haar buik had zitten.

Ze zag dat ik er naar staarde en legde beschaamd haar trui op haar buik, wreef er een paar keer over en vertelde me dat ze in het verleden via een keizersnede een kind ter wereld had gebracht maar dat na 6 weken was overleden aan een infectie. Medelijden en sympathie tonen was toen niet echt een sterk punt in mijn karakter en ik irriteerde me dood aan de tranen in haar ogen en het dramatische gelul waar ze mijn tijd mee verspilde. De klok tikte verder en ik wilde goed uitgerust wezen om mijn plannen uit te werken dus wilde ik per direct van haar af.

Ik probeerde een subtiele manier te bedenken om haar uit de hotelkamer te krijgen, want het zou niet goed uitpakken als ik dat zou doen door middel van een dreigement. Gezelschap van de politie was het laatste wat ik op dat moment kon gebruiken.

Ze besloot een douche te nemen en kleedde zich volledig uit waarna ze zo verleidelijk mogelijk naar me keek en vroeg of ik met haar mee wilde.

"Ik kom er zo aan" zei ik terwijl ik mijn schoenen uittrok en de gordijnen dicht deed. Toen ik de douche aan hoorde gaan pakte ik mijn vuurwapen en liep naar de douche, ik gluurde door het kiertje van de deur en zag haar zichzelf heupwiegend en neuriënd wassen. Ik legde het pistool op de kledingkast dat naast de douchedeur stond en liep naar het bed, waar ik haar handtas pakte en het doorzocht.

Ik had in het verleden verhalen gehoord van de teringzooi die vrouwen kunnen verzamelen in een handtas, maar dit sloeg alles. Van wierrookstokjes tot fruitcondooms, de hele tas zat vol met nutteloze rotzooi inclusief een paar chocoladerepen, wat me niet verbaasde.

Ik pakte haar imitatie Gucci portemonnee en opende het. Tot mijn verbazing zat er ruim 800 euro aan briefgeld in en een aantal bankpasjes. Ook zag ik foto's van een stel van middelbare leeftijd waarvan ik vermoedde dat het haar ouders waren, en een mini agenda waar al haar gegevens in stonden. Tussen de pagina's van die agenda zat een grijs papiertje dat de pincode van haar bankpas bevatte, ik kon mijn geluk niet op.

Ik besloot haar te laten blijven, als ik op dat moment haar knip had geplunderd zou ze daar in de loop van de nacht misschien achter komen, dus besloot ik dat te doen als we het hotel gingen verlaten. Ik trok de minibar open en schonk een dubbele whisky in die ik meteen achterover sloeg, waarna ik opnieuw inschonk, mezelf uitkleedde en samen met mijn glas whisky bij haar in de douchecabine ging staan.

Ze zoende me terwijl ze met mijn ballen speelde en me aftrok. Terwijl ze me vol enthousiasme pijpte nam ik een slok whisky, sloot mijn ogen en proostte op het belangrijkste in mijn leven, mezelf.

We eindigden in bed, haar lichaam voelde aan als een gigantische marshmallow en ik schoot meerdere keren in de lach tijdens de seks toen ik dacht aan die vergelijking. Ik kreeg het niet voor elkaar om te genieten en het duurde dan ook niet lang voordat ik in slaap viel.

Geklop op de deur deed me ontwaken uit een diepe slaap, ik sloeg een handdoek om mijn middel en opende de deur van de hotelkamer. In de deuropening stond een medewerker van het hotel die mij er op wees dat de tijd die ik in de kamer mocht verblijven verstreken was. Ik keek op de wandklok in de gang en zag dat het middaguur al gepasseerd was. Ik begreep de hint en beloofde de man dat ik binnen een half uur uit ging checken en eventueel zou bijbetalen als dat nodig zou zijn.

Ik sloot de deur en keek naar het bed, waar mijn lieftallige Tamara nog in lag te dromen. Ik nam snel een verfrissende douche, kleedde mezelf aan en pakte het vuurwapen van de kledingkast die ik terug stopte op zijn vertrouwde plekje tussen mijn broekband. Tamara lag nog in diepe slaap dus greep ik mijn kans om haar te ontdoen van haar geld en bankpasje. Toen ik het briefgeld en bankpasje plus code uit haar portemonnee had gepakt en het in mijn jas had gestopt wekte ik haar door haar een paar keer in het gezicht te tikken. Ik vertelde haar dat we binnen tien minuten moesten vertrekken uit het hotel waarna ze zichzelf snel aankleedde en opmaakte.

Eenmaal beneden in de lobby pakte ze bij het uitchecken haar portemonnee uit haar tas en wilde betalen voor de verbleven nacht, maar ik drukte subtiel haar hand terug en zei dat ik op

106

zijn minst kon betalen voor de heerlijke ervaring.

Eenmaal buiten vroeg ze of ik nog een kop koffie met haar wilde drinken, maar ik zei tegen haar dat ik snel weg moest in verband met een afspraak. Daarna gaf ik haar een kus en liep naar het treinstation. Daar stapte ik in een taxi en liet mezelf naar het nabijgelegen Renkum vervoeren.

14

Eenmaal in het dorp aangekomen liet ik me afzetten bij een bruin café waar ik een biertje bestelde en achter in de zaak aan een tafeltje ging zitten zodat ik rustig kon bellen. Ik pakte het telefoonnummer van Ronnie de autokraker bij de hand en hoopte vurig dat hij op zou pakken toen ik hem belde. Tot mijn grote opluchting werd er opgepakt en hoorde ik een vermoeide stem. "Met Ron, wie is dit?" zei de stem met een gapende klank. "Hey ouwe, geef me die teef even aan de telefoon" zei ik terwijl ik glimlachte. "Hey vuile bloedlijer!" schreeuwde hij, "hoe gaat het met je?" Ik vroeg of hij zin had om wat geld te verdienen, waarop hij vol enthousiasme vroeg wanneer we gingen beginnen. Ik vertelde hem kort wat de bedoeling was en dat hij een tweetal werkoveralls, sportschoenen, bivakmutsen en een paar horloges mee moest nemen in een geleende auto. Een paar uur later stapte Ronnie de kroeg binnen en ik was blij om eindelijk een bekend gezicht te zien. Hij droeg een trainingspak en had hij zijn hoofd kaal geschoren. Door zijn gouden ringen en ketting en zijn spierwitte sportschoenen vond ik hem eruit zien als een mix van een hardcore muziek liefhebber en Johnny Flodder. Ik bestelde een Bacardi cola bij de barman, het favoriete drankje van mijn bajesvriend. Na een half uur gepraat te hebben over de tijd die we doorbrachten in de gevangenis en zijn gezinsleven besloten we om te vertrekken. Ik betaalde de drankjes, wat ik sinds mijn pijnlijke ervaring in Nijmegen altijd deed, en verliet het café. Ronnie had kort voordat hij naar onze afspraak kwam een Volkswagen Golf gestolen in Arnhem en was daarmee op klaarlichte dag een paar bivakmutsen gaan kopen bij een dumpzaak, de man zat altijd al vol met zelfvertrouwen. Hij had de auto een stukje verder geparkeerd op een parkeerdek van een winkelcentrum. Toen we daar aankwamen zag ik dat het een betaalde parkeerplaats was. Ik vroeg mezelf af of Ronnie wel de juiste persoon was om mee in zee te gaan. Gelukkig stond er niemand van parkeerbeheer te controleren, maar ik stapte toch wat zenuwachtig in die auto. In mijn gedachten was de auto al nagetrokken en stond de politie doodleuk verdekt opgesteld te kijken wie de auto meenam. Maar dat bleek niet zo te zijn en ik zuchtte de opluchting weg in het gezicht van Ronnie vergezeld van een preek over voorzichtigheid en low profile.

Ik keek nieuwsgierig in het handschoenkastje terwijl we naar Wageningen reden om het chinees restaurant te observeren, we wilden eerst wat meer weten over de gang van zaken na sluitingstijd en de snelste route die we konden nemen op onze vlucht. De auto bleek van een vrouw te zijn, 24 jaar en had het teken Kreeft als sterrenbeeld. Dat maakte ik op uit een make up tasje dat in het kastje lag samen met het rijbewijs van de vrouw, ik keek naar de foto en zag het glunderende gezicht van een brunette die Naomi heette. Ook vond ik de reservesleutels van haar woning dat ik samen met haar autopapieren in mijn zak stopte. Op de achterbank lag haar werkkleding, ze bleek bij een brasserie te werken in het centrum van Arnhem. Ik kende het omdat ik daar in het verleden regelmatig een broodje gezond ging eten maar desondanks kwam Naomi me niet bekend voor, misschien werkte ze daar nog niet zo lang. Ook lag er een zwart Nike petje, dat ik besloot te dragen.

Het Chinese restaurant sloot elke avond om tien uur, maar het was nog te vroeg om een kijkje te nemen bij het restaurant dus stopten we in het centrum van Renkum om nieuwe kleding te halen, want de kleding dat ik aan had was rijp voor een zwerver. Ik heb een voorliefde voor zwarte kleding. Ik vind het een neutrale kleur en bovendien mysterieus, maar over het algemeen hoor ik vaak dat het saai en smakeloos is. Ik kocht een zwarte outfit met bijpassende sportschoenen en handschoenen. Ook kocht ik een zwarte jas. Dit alles gooide ik samen met mijn vuurwapen in de kofferbak van de auto. Eenmaal aangekomen in Wageningen parkeerden we de auto in een woonwijk dat op nog geen vijf minuten lopen van de chinees lag. Aan de doorgaande weg waar het restaurant gevestigd was zaten ook een fietsenmaker en een slager, aan de overkant van de weg stonden twee flats en er lag een voetbalveldje. Recht voor het voetbalveldje aan de rand van de weg stond een bushokje dat blijkbaar ook dienst deed als memo bord voor de plaatselijke hangjeugd. Links van de chinees lag een klein parkje dat uitkwam op een scholencomplex en rechts boog de weg zich naar links in de richting van het dorpscentrum. Achter de chinees lag een parkeerplaats dat tevens dienst deed als laad en losplaats voor de winkels.

Het klimaat was koud en guur dus gingen we er vanuit dat we niet opvielen met de kragen van onze jassen omhoog. Ik trok het Nike petje wat lager en Ronnie trok een gebreide muts over zijn kale kop. Het restaurant naderde zijn sluitingstijd dus wilden we te weten komen wat de routine was als de chinees dicht ging. Ronnie ging de achterkant observeren en ik hield de voorkant in de gaten. Ik stalde mezelf in het bushokje en stak een sigaret op terwijl ik naar de gezellige lichten van het restaurant keek. De kleuren van de neonlichten reflecteerden de motregen waardoor de verlichting nog feller leek. Er stak een koude wind op en ik voelde ondanks de karige beschutting van het afgeleefde wachthuisje de kou op mijn wangen waardoor mijn gezicht begon te tintelen. Ik zag een vrouw met haar zoontje aan de hand naar buiten komen, in de linkerhand droeg ze een tasje chinees eten en in de rechter had ze het handje van haar kind vast die zijn best deed om zijn moeder bij te houden. Op dat moment stelde ik mezelf even voor hoe het zou zijn om zelf een gezin te hebben, de warme gloed en de gezelligheid die de huizen uitstraalden gaven me een melancholisch gevoel. Ergens in mijn wezen verlangde ik naar de warmte en geborgenheid van een gezin. Maar die dagdroom vervaagde als sneeuw voor de zon toen ik achter in het restaurant de lichten van de open keuken achter in de zaak uit zag gaan.

Het was sluitingstijd en het personeel maakte zich klaar om de boel op slot te draaien en te vertrekken. De lichtbak boven het restaurant ging uit en een vrouw draaide de ingang van het restaurant op slot. Nadat er een tijdje was schoongemaakt zag ik alles donker worden in de zaak waardoor ik er vanuit ging dat het personeel elk ogenblik naar buiten kon komen. Ik had met Ronnie afgesproken dat we een cijfer naar elkaar zouden sms'en als er mensen gingen vertrekken, dat cijfer betekende het aantal mensen dat we zagen. Zo wisten we van elkaar dat we niemand over het hoofd hadden gezien en beide deuren op slot gedraaid zagen worden. Daarna zouden we elkaar ontmoeten in het nabijgelegen parkje. Maar ik ontving geen sms, ook zag ik niemand uit het restaurant vertrekken. Het personeel van het restaurant moest nog in het pand zijn, dus wachtte ik geduldig op een teken van leven. Ik voelde me als een sportvisser die wist dat hij beet kreeg als hij bleef zitten, maar ondertussen ongelofelijk moest pissen. Mijn geduld werd beloond, boven de chinees ging de verlichting van een woning uit en kort daarna ging naast de ingang van het restaurant een deur open waar drie mannen en vijf vrouwen uit kwamen. Kort daarna kreeg ik een sms van Ronnie met het cijfer 1, ik sms'te hem het aantal mensen wat ik had zien vertrekken en liep in de richting van het parkje.

We hadden beiden de deuren op slot gedraaid zien worden en het aantal mensen geteld dat in de zaak aanwezig was, nu hadden we een redelijk beeld van de hoeveelheid personeel waar we mee te maken kregen. We troffen elkaar bij een vijvertje dat troebel en treurig aandeed door de wind en de regen die er op neerviel, het was er verlaten op wat eendjes na en ik herinner me dat er een gigantische treurwilg stond dat zijn takken als dreadlocks over de waterkant liet zwaaien. Het was koud en ik was er niet met mijn criminele vriend om een romantische wandeling in het park te maken, dus stelde ik voor om ergens wat te gaan eten en de gang van zaken te bespreken. We liepen een minuut of tien slenterend en pratend door de smalle straten van de binnenstad tot we een restaurant tegen kwamen dat wereldfaam geniet. Eenmaal binnen bestelden we ons eten bij een jongen die op robotachtige manier onze bestelling invoerde en verwerkte. We liepen met onze menu's naar de net schoongemaakte tafel, overal renden en schreeuwden kinderen en ik had meteen spijt dat we hadden besloten om hier onze honger te stillen. Ik nam een hap van mijn hamburger en meteen daarna een slok van mijn bananen milkshake. De samenstelling van deze shake was al decennia onveranderd gebleven en ik vond deze smaak al sinds mijn jeugd de lekkerste van allemaal. Misschien was dat wel het succes van deze hamburgerketen, de betrouwbaarheid die het uitstraalde, ook de kenmerkende clown die het gezicht was van de Mac was voor zover ik weet nog nooit veranderd.

Ronnie en ik bespraken verschillende tactieken en vluchtroutes voor de geplande overval op het restaurant, het was inmiddels zaterdagavond en we wisten dat de zondag over het algemeen een erg drukke dag was voor een chinees restaurant. Op zondag komen mensen bij van het stappen of hebben geen zin om te koken, zo redeneerden we. We gingen er vanuit dat er minimaal negen personeelsleden in het restaurant aanwezig waren. We hielden rekening met tegenstand en daarom kozen we er na lang beraad voor om ze van twee kanten te overrompelen, en ze via de personeelstrap in de zaak naar het kantoortje boven het restaurant te drijven. We gingen er vanuit dat een groep van negen man zonder veel moeite in staat is om ons te ontwapenen als we op dezelfde plek waren. Ook de vluchtroute hadden we besproken. Ik was daarna nooit meer van plan om een stap in Wageningen te zetten. We moesten rusten, het was al bijna middernacht en ik wilde mezelf mentaal voorbereiden op datgene wat komen ging. Ik was op dat moment nog een onervaren overvaller en de zenuwen gierden door mijn lichaam.

In een gestolen auto rijden op zaterdagavond leek ons in verband met de vele alcoholcontroles geen goed idee. Bovendien lagen er bivakmutsen en een vuurwapen in de auto, dus bij een eventuele controle zou de politie niet het idee hebben dat we op weg waren naar een avondje bridgen. We besloten de auto te verplaatsen naar een plek waar het het minste op zou vallen, het plaatselijke politiebureau. Uit ervaring wist ik dat de politie vrijwel geen voertuigen om het politiebureau heen controleert of als verdacht ziet, hoe vreemd dat ook klinkt. Maar voor de zekerheid stalen we eerst de kentekenplaten van een identieke Volkswagen Golf voordat we hem daar parkeerden, en plaatsten die op onze gestolen auto. Als het kenteken van onze auto eventueel toch gecontroleerd zou worden dan zou er niets aan de hand zijn. We maakten ook de auto vrij van vingerafdrukken en namen de inhoud van de kofferbak mee. Omdat het openbaar vervoer in dat dorp verschrikkelijk was besloten we een taxi te nemen naar Ede. Daar namen we de trein naar Nijmegen, waar de vriendin van Ronnie ons zou oppikken.

Ze woonden op de tweede verdieping van een flatje in een klein appartement in het centrum van Nijmegen. Zijn vriendin zag er uit alsof ze net was ontslagen uit een afkickkliniek. Ze keek enigszins helder uit haar ogen, maar haar ingevallen gezicht en graatmagere lichaam vertelden me dat haar levensstijl verre van gezond was. Ook het huis zag er compleet afgeleefd uit. Op de salontafel lagen lege pakketjes waar ongetwijfeld drugs in had gezeten, er stonden flessen bier en er lagen brieven van deurwaarders die aankomende executies voorspelden. Ik kon me op dat moment heel goed voorstellen waarom Ronnie zo gretig op mijn aanbod in ging toen ik hem belde. Ik keek nog eens goed om me heen en kon me niet voorstellen dat er mensen waren die zich thuis konden voelen in zo'n rommelig en afgeleefd huis. Toen ik de hal instapte werd ik vriendelijk begroet door zijn grote liefde, zijn Duitse herder.

Raika zag er beter verzorgd uit dan zijn vriendin, waardoor ik het meteen logisch vond dat Ronnie zoveel foto's van die hond in zijn cel had hangen, een afbeelding van zijn vriendin zou dat hok niet echt een aantrekkelijk tintje geven. Het was een vrolijke hond die me vriendelijk kwam begroeten nadat ik de woning was binnengestapt. Ik gaf haar een aai over de kop en ging op een bruine leren bank zitten waarna ik door zijn magere wederhelft een kop koffie in mijn handen gedrukt kreeg. Ik was vastbesloten om de volgende dag genoeg geld te maken om mezelf voorlopig te kunnen voorzien in mijn basisbehoeftes, in gedachten dronk ik al uit de met whisky gevulde navels van blonde escorthoertjes.

De volgende ochtend werd ik vroeg wakker en voelde me opvallend energiek en helder. Waarschijnlijk stroomde er al wat adrenaline door mijn bloed omdat ik die avond een restaurant ging overvallen en best zenuwachtig was nu die actie zo dichtbij kwam. Ik nam een douche in een badkamertje dat niet veel groter was dan een bezemkast en meer schimmel op de tegels bevatte dan een prostituee met een chronische vaginale aandoening. De kleine flat en de rommelige en asociale indeling irriteerde en benauwde me, dus nam ik mezelf voor om na mijn douche een kop koffie te nemen bij een warenhuis in de buurt.

De frisse buitenlucht voelde als een verademing toen ik buiten liep, ik was niet van plan om terug te keren naar het huis van Ronnie. In plaats daarvan reisde ik alleen naar Ede af om daar de middag door te brengen in de bibliotheek. Ik las er een paar Donald Ducks en de plaatselijke dagbladen, ook kopieerde ik de plattegrond van Wageningen en de omliggende gemeenten. Op internet bezocht ik de site van het restaurant dat we wilden overvallen en bekeek advertenties van particulieren die hun koophuis te huur hadden staan in de omgeving van Arnhem. Aan het einde van de middag was ik een hoop informatie rijker en daardoor steeg mijn zelfvertrouwen ten opzichte van de aankomende overval. Ik had eerder op de dag telefonisch contact gehad met Ronnie, we hadden afgesproken dat we elkaar halverwege de avond gingen zien bij een snackbar naast het station van Ede. Toen ik hem daar ontmoette namen we een lijnbus naar Wageningen en haalden we de auto op waarna we de laatste voorbereidingen troffen voor onze plannen. We bespraken onze tactiek nog een keer om misverstanden te voorkomen en reden de vluchtroute nog een keer om er zeker van te zijn dat er geen plotselinge wegwerkzaamheden of andere obstakels op onze weg lagen die onze vlucht konden belemmeren.

Ik trok de kleding aan die ik de dag daarvoor had gekocht. Daar overheen trok ik de werkoverall aan die Ronnie had meegebracht. Alleen de schoenen van mijn oude outfit liet ik aan zodat ik ze na de overval weg kon gooien, ook Ronnie trok zijn overall aan. De bivakmutsen droegen we in het laatste uur voordat de actie begon opgerold op onze hoofden. We parkeerden de auto op een parkeerplaats achter het parkje waar we eerder hadden gelopen en trokken onze handschoenen aan waarna we de auto voor de zekerheid afnamen met babydoekjes om onze vingerafdrukken te wissen. Ook mijn vuurwapen en een vleesmes dat Ronnie had meegebracht maakten we schoon voor het geval we die snel moesten dumpen.

We stapten de auto uit en liepen het parkje in, het was zondagavond en het was koud en regenachtig dus verbaasde het ons niet dat het er was uitgestorven. Ik keek Ronnie aan en kon aan zijn ogen dezelfde vastberadenheid zien die ik voelde, we gingen het gewoon doen en we lieten ons door niemand tegenhouden. Ronnie stationeerde zichzelf aan de achterkant van het restaurant en ik aan de voorkant in de schaduw van een boom dat naast het bushokje stond waar ik eerder had gezeten om de zaak in de gaten te houden. We hadden even daarvoor de stopwatches op onze horloges tegelijkertijd ingedrukt en afgesproken dat we na vijf minuten aan beide kanten van de zaak naar binnen zouden stormen. Ik zag de laatste klant de zaak uitlopen waarna ik wederom de lichtbak boven de zaak uit zag gaan en dezelfde schoonmaakrituelen uitgevoerd zag worden die ik eerder had gezien. Ik hoopte vurig dat de deur niet werd gesloten voordat mijn stopwatch de vijf minuten had bereikt want dan zou mijn improvisatietalent op de proef worden gesteld en daar zat ik absoluut niet op te wachten.

Ik keek op het horloge en zag de minuten voorbijvliegen waarmee ook de adrenaline als een speer door mijn lichaam werd gepompt. Ik laadde mijn vuurwapen door, trok de bivakmuts over mijn gezicht en drukte mijn achterhoofd tegen de boom. Nu ging het gebeuren, 04:30, 04:40, 04:50, rennen..

Ik nam een sprint over de weg dat tussen mij en het chinees restaurant lag en duwde de deur open, waarna ik meteen een medewerker die stond te stofzuigen bij zijn haren pakte en het pistool achter zijn rechter oor drukte. Hij begon te schreeuwen waarna ik hem een kopstoot op de linkerkant van zijn gezicht gaf.

"NAAR ACHTEREN !" schreeuwde ik herhaaldelijk terwijl ik mijn vuurwapen op het geschrokken bedieningspersoneel richtte en de man aan zijn haren mee trok.

In de keuken zag ik een paar koks in paniek alle kanten op lopen en hoorde ik servies en pannen vallen waarna ik een bivakmuts heen en weer zag rennen zoals een herdershond een kudde schapen bijeendrijft. Ik trok de man aan zijn haren naar beneden en liet hem met zijn buik op de grond liggen.

"Jullie ook ! Liggen !!" schreeuwde Ronnie.

Toen ook de koks zich bij het doodsbange en paniekerige bedieningspersoneel hadden gevoegd drukte ik de verlichting in het restaurant uit zodat het vanaf buitenaf minder goed zichtbaar was wat er in het restaurant gaande was. Ik boog mezelf naar een jongen van het personeel toe en vroeg hem of hij Nederlands sprak.

"Ja ik spreek Nederlands, wilt u geld hebben ?" antwoordde de jongen terwijl hij zijn blik over het liggende personeel liet glijden.

'Nee, zo bestel ik altijd een bami speciaal sukkel', dacht ik. Ik trok hem omhoog en pakte hem bij de achterkant van zijn nek. "Zeg tegen deze mensen dat alles goed komt als ze meewerken oké ? siste ik de jongen toe.

Hij sprak iets in een voor mij onverstaanbare taal waarna ik een deur opentrok waarop bordjes 'geen toegang' en 'personeel' op geplakt waren. Ik wenkte Ronnie die daarop als eerste de deuropening in liep.

"Jullie lopen allemaal met de handen op jullie hoofden achter mijn collega aan !" zei ik terwijl ik de jongen aankeek.

Ik hield de jongen vast, drukte mijn pistool tegen de slaap van zijn hoofd en deed een paar stappen naar achteren waarna het groepje achter Ronnie aan de trap op liep. Nadat het laatste personeelslid in de deuropening verdween trok ik de jongen onder schot mee naar binnen en liep de trap op.

Eenmaal boven kwamen we terecht in een klein tweekamer appartement dat was omgebouwd tot kantoor en kantine. De kantine was vrijwel leeg op een tafel, wat stoelen en een magnetron na. Ik nam een vlugge blik in het kantoortje en zag er wat archiefkasten en een bureau staan. "Zeg dat iedereen op de grond moet liggen, met het gezicht naar de muur en de handen op het hoofd" zei ik tegen jongen terwijl ik hem op zijn knieën drukte. "Wie is hier de baas?" Vervolgde ik. Terwijl hij mijn opdracht naar het personeel toe vertaalde wees hij naar een vrouw die in tranen op de grond lag. "Hier komen!" zei ik tegen de vrouw en wenkte haar met het vuurwapen in mijn hand. Ze begreep de aanwijzing, stond op en liep naar me toe.

Toen ze voor me stond ruilde ik mijn vuurwapen om met het vleesmes van Ronnie. Hij hield het personeel onder schot terwijl ik het mes op de keel van de vrouw zette en aan haar vroeg of ze Nederlands sprak.

"Ja ik spreek Nederlands" zei ze gebrekkig en snikkend terwijl ze met me mee het kantoortje in liep. Achteraf heb ik mezelf afgevraagd of het complete personeel Nederlands sprak en ik er simpelweg vanuit ging dat ze dat niet deden omdat het chinezen waren, maar daar dacht ik op dat moment niet over na. In het kantoortje drukte ik haar op haar knieën en vroeg haar waar ze de omzet van het restaurant bewaarde. Ze antwoordde dat er een geldkistje in een buffetkast van het restaurant lag.

"Fouilleer iedereen ! En doe alles hier in" zei ik tegen Ronnie terwijl ik hem een plastic tas toegooide.

Ik nam de vrouw mee terug de kantine in en pakte het vuurwapen weer over van Ronnie waarna hij de zakken van het personeel leeghaalde, ook de tassen en jassen die in de kantine hingen werden nagevoeld en leeggehaald. Mobiele telefoons, sieraden en portemonnees verdwenen in de plastic tas.

Ik vertelde mijn rovende collega de locatie van het geldkistje en liet hem meteen de kassa leeghalen. Toen hij de kantine weer in kwam en de omzet bij de rest van de buit in de tas gooide pakte ik de bazin bij haar hoofd, trok het omhoog en fluisterde in haar oor dat ik een handgranaat aan de andere kant van de deur vast ging maken en dat het verstandig was om die deur dicht te laten.

Ronnie trok de bedrading van de pc en de telefoon los die in het kantoortje stonden en knipte het door met een schaar dat op het bureau lag. We wisten dat het een kwestie van tijd was voordat er uit het raam van de kantine om hulp zou worden geroepen maar we hoopten tegen die tijd al in de vluchtauto te zitten.

Het was tijd om te vertrekken, ik drukte de lichten van de kleine kantine uit en liet Ronnie voor mij van de trap af rennen waarna ik de deur achter me sloot en hem naar beneden volgde. Ik zag hem een paar flessen spiritus achter een balie wegpakken terwijl we onze vlucht naar de uitgang maakten. We renden door het restaurant naar de keuken waar ik gigantisch op mijn bek ging toen ik over een kookpan struikelde die eerder op de grond was gevallen. Met een pijnlijke schouder en pols verlieten we het restaurant via de achterkant en renden we zo snel als we konden het nabijgelegen park in. Op een verbaasd hondenbaasje na was er niemand die we tegenkwamen op onze vlucht naar de auto en binnen korte tijd reden we de wijk uit in de richting van de snelweg die we hadden uitgekozen om Wageningen te verlaten.

15

Enigszins zenuwachtig keek ik een paar keer achterom om te kijken of we niet gevolgd werden, maar gelukkig was dat niet het geval. Ronnie haalde de ene na de andere auto in en reed als een bezetene met een gangetje van 180 kilometer per uur over de N225 richting Arnhem. Met die snelheid zouden we zeker de aandacht van de politie trekken

"Als je nog harder gaat rijden bestaat de kans dat we terug in de tijd gaan en dan moeten we alles overnieuw doen !" zei ik tegen Ronnie, refererend naar de film 'Back to the future'.

Hij minderde vaart en reed Arnhem in.

Toen ik de voor mij herkenbare gebouwen en wegen zag daalde het adrenalineniveau in mijn bloed en voelde ik me minder zenuwachtig. Spanning maakte plaats voor euforie en ik voelde me alsof ik de lotto had gewonnen.

We moesten de auto en de spullen dumpen die we hadden gebruikt voor de overval dus reden we naar een dunbevolkt gebied aan de rand van Arnhem om dat te doen. We parkeerden de auto langs een dijk vlakbij een kassencomplex in Arnhem Zuid en doofden de lichten, vanaf dat punt was het een nog geen tien minuten lopen naar het huis van een kennis waarvan ik wist dat hij altijd thuis was.

Ronnie draaide de sleutel van de auto om en het geluid van de motor maakte plaats voor het onregelmatige getik van regen dat op het dak neerviel. Ik deed mijn ogen dicht en zuchtte de spanning die ik de afgelopen uren had gevoeld de weide wereld in, even was het stil in de auto. Toen ik de stilte in me opnam kreeg ik een tik op mijn hoofd van Ronnie. Toen ik me naar hem toe draaide keek ik naar het breed grijnzende gezicht van mijn compagnon.

"We hebben het gered ouwe !" zei hij terwijl hij triomfantelijk lachte. Hij sloeg van pure blijdschap een paar keer tegen het stuur van de auto en schreeuwde nogmaals " we hebben het gered !". Ik sloeg hem een paar keer op zijn schouder en kuste mijn vuurwapen, ik voelde me geweldig.

Ik stapte uit en liep door de stromende regen naar de kofferbak van de auto om de nieuwe schoenen en jas te pakken die ik had gekocht en stapte weer in. We deden de werkoveralls uit en ik trok de schoenen en mijn jas aan, de oude stappers gooide ik samen met de overalls op de achterbank van de auto. Ik pakte de tas met het geld, stopte het vuurwapen en het vleesmes er in en ook de bivakmutsen besloten we mee te nemen. We stapten uit de auto en draaiden de ramen van de portieren open. Ronnie gooide een fles spiritus naar me toe dat ik leeggoot over de bekleding van de auto, ik controleerde voor de zekerheid de binnenkant van de wagen nog een keer waarna Ronnie de brandbare vloeistof aanstak.

Binnen seconden stond het voertuig in lichterlaaie wat voor ons het sein was dat we zo snel mogelijk moesten vertrekken. We trokken de handschoenen uit en stopten ze bij de rest in de tas waarna we dwars door het kassencomplex renden en hoopten dat niemand ons zou zien, maar gelukkig was de regen een helpende hand en was de omgeving zo goed als verlaten. In korte tijd stonden we voor de flat waar een kennis van me woonde.

Zonder dat het me verbaasde hoorde ik kort na het indrukken van de bel een zoemer die de deur van het slot haalde. We pakten de lift naar de achtste verdieping van de flat en liepen de galerij op dat leidde naar de woning van Toontje, de kennis.

Ik kende Toontje (die eigenlijk Tony heette) nog van de middelbare school, het was een komische en eerlijke gozer waar je graag een avondje mee ging stappen. Hij had een voorliefde voor cannabis en had zijn hele huis vol hangen met vlaggen en posters van Jamaica, wietplanten en Bob Marley. Ook had hij een wietplant naast de bank staan die hij zo goed verzorgde dat de gemiddelde mantelzorger er nog wat van kon leren. Ik was geen liefhebber van softdrugs, maar kon de relaxte levensstijl van Toontje wel waarderen en voelde me meteen op mijn gemak toen hij open deed met een joint tussen zijn lippen.

Zijn bloeddoorlopen ogen glinsterden toen hij me zag en verwelkomde me hartelijk in zijn woning. Ik ging in een comfortabele stoel zitten en Ronnie naast Toontje op zijn Ikea bankstel.

"Pak wat te zuipen kerel en vertel me wat je komt doen, want ik heb je in geen tijden niet gezien of geroken" zei hij terwijl hij naar een drankkast wees. Ik stond op en schonk een glas whisky voor mezelf en Ronnie in.

"Ik was in de buurt en zag licht branden" zei ik en nam een slok van de whisky.

Ik kon hem moeilijk vertellen dat we zijn woning gebruikten om even van de straat te zijn na een geslaagde overval. Hij glimlachte en aan zijn gezicht kon ik aflezen dat hij geen woord geloofde van de woorden die ik even daarvoor had uitgesproken, maar hij vroeg niet verder en ging in een hangmat liggen die midden in de woonkamer hing. Dat vond ik het mooie aan zijn karakter en manier van leven, het interesseerde hem allemaal geen reet zolang het zijn zaken niet waren.

Kort na onze binnenkomst hoorde ik sirenes van brandweer

en politie door de straten galmen en ik ging er meteen vanuit dat die op de brandende auto af waren gekomen. Ik vroeg mezelf af of het wel verstandig was dat we zo dicht in de buurt waren gebleven, maar weggaan was nog onverstandiger dus bleven we gezellig een paar uur bij Toontje hangen. We praatten wat over onze schooltijd en keken een actiefilm die hij had opgezet, de favoriete acteur van Toontje was Steven Seagal, waar hij zelfs een dekbedovertrek van had.

Het was inmiddels in het midden van de nacht en we kregen het vriendelijke maar dringende verzoek om te vertrekken want onze gastheer ging slapen. Ik bedankte hem voor de gastvrijheid en trok de voordeur open.
"Denk goed om je gezondheid" zei hij toen hij me een hand gaf en schonk me een knipoog waardoor hij liet blijken dat hij niet zo naïef was als dat hij leek. Ik vroeg hem of hij een oude sporttas te leen had waarna hij zonder een vraag te stellen naar zijn slaapkamer liep om terug te keren met een zwarte rugtas. "Rustig aan kerel" zei hij en sloot de voordeur achter ons.
We hadden een plek nodig om te kunnen slapen, de volgende ochtend zouden we verder nadenken over toekomstige stappen die gezet gingen worden maar op dat moment waren we echt toe aan wat nachtrust. Ik was in Arnhem dus op bekend terrein met plekken waar ik terecht kon voor van alles en nog wat, ik had me eerder voorgenomen om iedereen te laten barsten, maar nood breekt wet dus maakte ik gebruik van de mensen en middelen die ik voorhanden had.

Ik pakte mijn religieuze gevangenis agenda uit de binnenzak van mijn jas en bladerde door de contacten die er in stonden en liet mijn oog vallen op Sharon, een ex vriendinnetje van me waar ik nog regelmatig contact mee had. Ik had geen telefoonnummer van haar maar wel een adres dus belde ik een taxi om ons te laten vervoeren naar de andere kant van Arnhem, waar ze woonde.

Terwijl we in de flat op ons vervoer stonden te wachten bespraken we het verloop van de overval nog eens en stopten het verdiende geld en sieraden met plastic tas in de rugtas die Toontje aan ons had gegeven.

"Wat denk je dat ze ons zullen geven als ze ons pakken?" vroeg Ronnie terwijl hij voor zich uit keek.

"We worden niet gepakt" antwoordde ik.

"Hoe weet jij dat nou, misschien hebben we wel.."

"Wat wil je nou zeggen, dat we fouten hebben gemaakt?" zei ik voordat hij was uitgepraat.

"Laat maar zitten"

"Hou gewoon je smoel dicht kerel, die gedachtes zijn niet relevant" vervolgde ik terwijl ik de tas over mijn schouder hing.

Het was eindelijk gestopt met regenen en we verplaatsten ons gesprek naar de achterkant van de flat waar een grasveldje met bomen en een speeltuintje lagen. Het natte gras rook heerlijk fris en even genoot ik van de zintuigen die geprikkeld werden door de natuur om me heen. Even stonden we naast elkaar tegen de muur van de flat en zeiden geen woord, maar ik was ervan overtuigd dat we beiden in gedachten het gestolen geld al aan het uitgeven waren.

De financiële lucht die de stress in mijn hersenen verminderde gaf me de mogelijkheid om helder en rationeel na te kunnen denken over de volgende stap die ik moest maken om mijn leven weer op orde te kunnen krijgen.

Ik had vaste woonruimte nodig, een plek waar ik mezelf terug kon trekken en dat ik als veilige haven kon beschouwen in stressvolle situaties. Ondanks dat ik sociaalvaardig genoeg was om met verschillende type mensen om te kunnen gaan was ik ook een persoon die graag alleen was om de problemen in mijn leven te kunnen relativeren.

Terwijl ik verdwaalde in mijn gedachten voelde ik de mobiele telefoon in mijn broekzak trillen waardoor ik meteen weer terug naar de realiteit werd gebracht.

Ik pakte op en werd begroet door een rauwe stem van een man die ongetwijfeld een kettingroker was, de taxi was gearriveerd.

Ik was blij dat ik kon vertrekken want het zat me niet lekker dat de brandende auto gevonden was terwijl wij samen met de buit van de overval nog in de buurt waren. Samen met Ronnie stapte ik achter in de taxi en gaf het adres door waar de vriendelijke chauffeur ons naartoe moest brengen.

Terwijl hij ons door de straten van Arnhem reed hield hij ons constant in de gaten door in zijn achteruitkijkspiegel te kijken, blijkbaar vertrouwde hij het niet dat we beiden achterin gingen zitten terwijl er plaats op de bijrijders stoel van de taxi was. De man was van buitenlandse afkomst, ik vermoedde uit Oost Europa.

We reden over een brug die Arnhem Zuid met het stadscentrum verbind en terwijl ik af en toe uit het raam keek bladerde ik door mijn agenda om mijn geheugen op te frissen en probeerde ik een gezicht bij elke naam te krijgen die ik erin had gezet.

Veel mensen die ik voor en tijdens mijn detentie had ontmoet zag ik als potentieel persoon waar ik gebruik van kon maken, maar vergat ze weer naarmate de tijd verstreek.

Ik zag namen voorbij komen uit de periode dat ik met anabolen Charlie omging en realiseerde me plotseling dat er een reële kans bestond dat ik hem of de mensen om hem heen tegen kon komen in Arnhem. Ik wist natuurlijk niet in wat voor positie hij zat op dat moment en met wie hij omging. De kans was groot dat hij me wat aan wilde doen als hij wist dat ik in de buurt was, of dat nou uit angst voor mij was of uit wraakgevoelens die hij had overgehouden aan die keer dat ik hem had neergeschoten.

Dat risico besloot ik niet te nemen en nam mezelf voor om de binnenstad van Arnhem te mijden totdat ik meer wist over zijn criminele positie in de stad.

Ronnie tikte me aan en boog zich naar me toe.
"Wat zit die gast de hele tijd te kijken naar me man ?!" zei hij zacht.
"Je ziet spoken kerel, hou je kop erbij oké ? Op dit moment denk je dat iedereen jou aankijkt " antwoordde ik.

Ik zei dat hij zich rustig moest houden zolang we de tas met de buit van de overval nog bij ons hadden, anders was het allemaal voor niets geweest.
Daarna stopte ik de agenda terug in mijn binnenzak en haalde de autopapieren van de vluchtauto die Ronnie had gestolen uit mijn zak. Ik bekeek de gegevens van glunderende Naomi en nam mezelf voor om haar een bezoekje te brengen zodra de hitte van de overval een beetje gekoeld was.

Op het moment dat ik de tas met de buit pakte om de inhoud te bekijken trok Ronnie het uit mijn handen en pakte het vuurwapen eruit.

Voordat ik kon vragen wat de bedoeling was pakte hij plotseling de chauffeur met zijn linkerarm om zijn nek en begon als een beest met de achterkant van het wapen op de zijkant van zijn hoofd te slaan.

Ik schrok me kapot en probeerde de woedende Ronnie te kalmeren en hem los te trekken van de schreeuwende chauffeur. Ik was bang dat het wapen af zou gaan. De taxi slingerde over de weg en terwijl ik me afvroeg of het vuurwapen was doorgeladen kwamen we met een klap tegen een lantaarnpaal tot stilstand.

De klap beukte de airbag met volle kracht tegen het hoofd van de chauffeur waarna hij roerloos achter het stuur bleef zitten.

Ronnie had hem losgelaten, ik pakte het vuurwapen van hem af en pakte de rugtas van de achterbank terwijl ik mijn woedende collega crimineel uit de auto trok.

Voorbijgangers stopten hun auto's en fietsen om naar het tafereel te kijken en binnen korte tijd verzamelden een handjevol mensen zich om de taxi heen.

Ik deed het vuurwapen in de rugtas en hing het over mijn schouders zodat het wegvluchten makkelijker ging en de kans dat ik de tas zou verliezen kleiner werd.

Samen met Ronnie rende ik daarna naar een nabijgelegen industrieterrein op in de richting van een natuurgebied dat langs de rivier liep waar we kort daarvoor nog overheen waren gereden.

Tijdens de vlucht werden we achtervolgd door een paar getuigen van de crash, maar toen ik een schot met het vuurwapen in de richting van onze achtervolgers loste staakten ze de achtervolging waarna wij het industrieterrein achter ons lieten en een donker gebied vol struiken en bomen in renden.

De duisternis verwelkomde me als een moeder die haar angstige kind in haar armen neemt.

Hier waren we enigszins beschut zodat we onze vlucht verder konden voortzetten in het donker. We renden en kropen een tijd door de duisternis heen.

De verwilderde begroeiing zorgde ervoor dat we tergend langzaam vooruit kwamen, maar na een tijdje voelde ik de paniek en angst wegtrekken en maakte woede en pure haat tegenover Ronnie zich van mij meester.

Op het moment dat ik de lucht in mijn longen voelde branden en ik gewoon even niet meer verder kon rennen besloot ik te stoppen om even op adem te komen.

Ronnie liep voor me, ik trok hem aan zijn kraag naar de grond en zette ik het pistool op zijn voorhoofd.

"Wat is dit Ron !" siste ik hem toe.

Het liefst wilde ik de longen uit mijn lijf schreeuwen maar de angst om ontdekt te worden was groter dan mijn woede naar hem toe.

"Hij knipoogde naar me , ik zweer het ! Die taxichauffeur gaf me een knipoog !" zei hij terwijl hij onregelmatig in en uitademde.

Ik was verbijsterd, dit overkwam mij omdat hij dacht dat de taxichauffeur naar hem knipoogde ? Ik liet hem los en ging staan.

"Sorry man, maar ik ben geen homo weet je" beet hij me verwijtend toe terwijl hij op een boomstronk ging zitten.

Ik begon te lachen en ging ook zitten, ik gaf hem een schouderklopje en zei dat ik het begreep. Maar van binnen kookte ik van woede, door dit soort domme acties bracht hij mij in gevaar en ook de plannen die ik in mijn hoofd had. Ik moest van hem af en het liefst meteen op dat moment. Even dacht ik eraan om hem neer te schieten en er vandoor te gaan, want zijn aanwezigheid was een risico voor mijn toekomst.

Op het moment dat ik zat te bedenken wat ik met hem ging doen hoorde ik sirenes van politieauto's naderen en wist ik dat het niet lang zou duren voordat er helikopters de lucht in gingen om te zoeken naar de verdachten die verantwoordelijk waren voor de crash met de taxi, en de zwaar mishandelde chauffeur ervan.

Als ze ons zouden pakken dan was de link met de overval die we hadden gepleegd snel gelegd. We moesten er snel vandoor.

Ik wilde van Ronnie af voordat we het einde van het gebied hadden bereikt en de bewoonde wereld weer in gingen om te ontkomen aan de politie. De politiehelikopters hebben hittesensors dus vanaf het moment dat die de lucht in gingen zouden we ook niet meer onzichtbaar zijn in de duisternis.

Ik liet Ronnie voor me uit lopen, in onze haast struikelden we over wortels en takken en sneden we onze handen aan doornstruiken.

Ver achter ons hoorde ik honden blaffen en ging er vanuit dat het politiehonden waren die werden ingezet om ons vluchtspoor op te pikken.

Op een gegeven moment struikelde ik over een stapel hout en

touwen. Het bleek een vissersstek te zijn, aan de touwen en balken te zien werden er op die plek regelmatig primitieve beschuttingen gebouwd tegen de wind en regen.

Ik pakte een stuk touw en even had ik het plan om Ronnie tijdens onze vlucht te wurgen met het touw totdat hij het bewustzijn verloor. Dan kon ik ongestoord verder zonder dat ik me zorgen hoef te maken om een idioot die ervoor ging zorgen dat ik gepakt ging worden.

Maar in plaats daarvan pakte ik een korte houten paal die half in het water dreef. Na een meter of honderd verder door struiken en modderige paadjes gerend te hebben kwamen we terecht op een verharde weg dat gebruikt werd als fietspad naar een nabijgelegen kinderboerderij.

We moesten die weg een paar honderd meter volgen en daarna linksom de boerderij rennen om een woonwijk te kunnen bereiken. Er stonden lantaarnpalen langs de weg dus waren we makkelijk te zien en ik verwachtte dat er politie om het gebied heen patrouilleerde om ons eventueel te kunnen onderscheppen. De kans om op dit pad gepakt te worden was verschrikkelijk groot.

Ronnie rende voor me uit en ik wilde hem uitschakelen voordat we de woonwijk bereikt hadden dus nam ik een sprint en gaf ik hem een harde schop tegen de kuit van zijn rechterbeen waardoor hij zijn evenwicht verloor en op de grond viel.

Meteen toen hij op de grond lag gaf ik hem een klap met de houten paal op zijn hoofd waarmee ik hoopte dat hij meteen zijn bewustzijn zou verliezen, maar dat gebeurde niet.

In plaats daarvan begon hij hevig te bloeden en kroop langzaam voor me uit.

"Wat is dit kerel, wat doen je nou ?!" krijste hij hysterisch. Ik zag de angst en verbazing in zijn ogen en meteen voelde ik een emotie die ik zelden voelde in die tijd, medelijden. Maar ik herpakte me en dwong mezelf om praktisch te denken, hij was een gevaar voor de plannen die ik had dus moest ik van hem af.

Hij lag op zijn rechterzij en mompelde iets onverstaanbaars, de klap had hem versuft. Ik liep om hem heen zodat ik naast zijn hoofd kwam te staan en sloeg hem nog twee keer hard op de linker zijkant van zijn hoofd waarna hij op de grond zakte en bleef liggen.

Nadat ik had gevoeld of zijn hart nog klopte pakte ik hem bij zijn voeten en sleepte hem naar de rand van het moerasachtige gebied waar we net doorheen waren gekomen.

Ik legde hem in de berm en keek een paar seconden naar zijn gezicht. Ik voelde me ergens schuldig dat ik dit moest doen, maar ik wist dat gevoel te relativeren door mezelf voor te houden dat hij zelf de oorzaak was van datgene wat hem net was overkomen.

Ik nam een sprint over de verharde weg. Daarna rende ik daarna zo hard als ik kon langs de boerderij totdat ik bij een blok woonhuizen terechtkwam. Tussen de huizen door zag ik een steeg zag dat uitkwam op een hofje.

Ik rende door de steeg, op het moment dat ik het hofje bereikte liep ik rechtstreeks in de koplampen van een politieauto. De agenten handelden snel en gaven gas, ik draaide me als een volleerd balletdanser om en rende terug de steeg in met in mijn kielzog een politieagent die "stop politie ! stoppen !" riep terwijl hij zijn locatie doorgaf aan collega agenten.

Ik kon aan zijn stem horen dat zijn adrenalineniveau net zo hoog was als dat van mij, en aan zijn gehijg te horen was hij het niet gewend om marathons te rennen.

Ik was vastbesloten om mezelf niet te laten arresteren en pakte onder het rennen door mijn vuurwapen uit de rugtas. Desnoods zou ik op hem schieten om een voorsprong te krijgen want mezelf laten pakken was simpelweg geen optie. Zo hard als ik kon rende ik tussen de achterkant van de boerderij en het huizenblok door tot mijn weg door een brede sloot geblokkeerd werd. Aan de andere kant van de sloot lag nog een huizenblok waarvan ik wist dat die aan de rand van een ringweg lag, dat werd dus een nat pak.

Ik sprong de sloot in en waadde zo snel mogelijk door het stinkende water terwijl ik een paar geschrokken eenden ontweek die de waterkant op vluchtten.

Tot mijn grote verbazing sprong ook mijn kwelgeest in de sloot en volgde mijn spoor door de waterplanten en de groene drab dat op het water dreef.

Toen ik de overkant bereikte zag ik links van het huizenblok talloze zwaailampen voorbij schieten, ze waren me aan het insluiten. Ik rende tussen de huizen door het huizenblok in op de hoop dat ik ergens naar binnen kon dringen om me daar te verstoppen, maar als het blok omsingeld was zou het een kwestie van tijd zijn voordat de politie me zou vinden.

Ik kon mijn geluk niet op toen ik een man zijn auto zag parkeren voor zijn huis.

Ik trok het portier van de bijrijders kant open en ging naast hem zitten.

"Rij rustig de wijk uit" beet ik hem toe terwijl ik mezelf wat liet zakken en het pistool in zijn middel drukte. De man schrok hevig en zonder na te denken zette hij zijn auto in de versnelling en reed in de richting van de ringweg die achter de woonwijk lag.

"Wil je mijn auto hebben? Mijn portemonnee?" vroeg de man. "Stil, gewoon rijden en gedraag je normaal, anders schiet ik je in je buik begrepen?" antwoordde ik terwijl ik het wapen tegen zijn buik drukte. Ik had even de tijd om na te denken hoe ik zo ver mogelijk bij die jachthonden vandaan kon komen. Het was inmiddels vroeg in de ochtend en ik was gebroken, dus moest ik snel naar een plek waar ik mezelf kon herstellen. Ik hoopte dat de wijk niet was afgezet zodat ik de man naar de woonwijk van Sharon kon dirigeren.

We namen de bocht dat uitkwam op de ringweg en ik hoopte dat er geen politiefuik was opgezet. Gelukkig was dat niet het geval en kon mijn geschrokken chauffeur de ringweg op rijden en mij op die manier zo ver mogelijk verwijderen van mijn achtervolgers.

Toen we op de ringweg reden zag ik een paar tegemoetkomende politieauto's en rechts van me zag ik in de verte de schijnwerper van een politiehelikopter. Ik droeg de man op dat hij me vooral niet aan moest kijken, waarna ik hem zijn mobiele telefoon liet inleveren. Nog geen kwartier later reed hij een wijk in die grensde aan de wijk waar mijn ex vriendin woonde. Ik liet hem stoppen op de parkeerplaats van een supermarkt.

Ik pakte zijn jas van hem af en trok het aan waarna ik zijn sleutels uit het contact haalde en ze op het dak van de supermarkt gooide nadat ik was uitgestapt. Ik bedankte de man vriendelijk en rende naar het adres waar Sharon woonde

Ze woonde in het midden van een rijtje eengezinswoningen, dus liep ik zo beheerst als dat ik kon door de straat terwijl ik hoopte dat niemand mijn gehavende en zeiknatte persoon zou zien.

Toen ik de voortuin in liep zag ik licht in de keuken branden. Ik keek naar binnen en zag een klein meisje in een babystoel aan de eettafel zitten terwijl Sharon zich aan het klaarmaken was voor een nieuwe werkdag.

Ik kon me niet herinneren dat ze een dochter had gekregen na mijn relatie met haar, maar dat was op dat moment niet iets waar ik me druk om kon maken.

Ik belde aan waarna ik seconden later het ganglicht aan zag gaan en de voordeur werd geopend. Sharon slaakte een kreetje en stond verstijfd in de deuropening.

"Wat is er met jou gebeurt ?" zei ze terwijl ze me bij mijn arm pakte en me naar binnen trok.

Het laatste wat ik me kan herinneren is dat ik in een spiegel in de gang keek en een gezicht zag dat onder het bloed en donkere modder zat. Daarna ben ik op de bank van haar woonkamer gaan zitten en verloor ik mijn bewustzijn.

16

Een gedempt geluid deed me ontwaken. Terwijl ik mijn ogen open deed probeerde ik te verstaan wat er gezegd werd maar het geluid leek te ver weg om te kunnen ontcijferen welke woorden er werden uitgesproken. Ik zag een fel licht dat mij verblindde waardoor ik niet kon zien wat er om me heen gebeurde. Plotseling voelde ik een hand op mijn voorhoofd dat mijn oogleden open trok. In een reactie sloeg ik de hand weg en dook naar achteren terwijl ik mijn zintuigen de opdracht gaf om hun werk te doen. Toen ik zag waar het licht en het geluid vandaan kwamen raakte ik lichtelijk in paniek, Sharon had 112 gebeld en er stonden twee ambulancebroeders bij haar in de woonkamer die bezig waren om mij weer bij mijn positieven te brengen. "Rustig vriend we zijn hier om je te helpen, hoe heet je ?" zei één van de broeders terwijl hij zijn zaklampje wegstopte.

Mijn hoofd bonkte als een bezetene en opnieuw kreeg ik een stoot adrenaline waardoor ik meteen helder kon nadenken. Ik liep naar de keuken en keek naar buiten, ik was bang dat de politie was gebeld en dat zij ook op de melding van Sharon waren afgekomen maar op een ambulance en wat nieuwsgierige buurtbewoners na zag ik niks alarmerends. Ik vertelde de ambulancebroeders dat ik na een avond stappen gevochten had, daarbij in het water van een nabijgelegen meertje was gevallen en dat Sharon de enigste persoon was die ik kende die dichtbij genoeg woonde waar ik mezelf op kon frissen.
Ze stelden nog een paar lastige vragen maar die antwoordde

ik als een geboren leugenaar en verzekerde hun dat alles in orde was met me. Wel gaf ik aan dat ik een enorme kater had waar ik vanaf wou en vroeg ze om een paar aspirientjes. Nadat ik die gekregen had vertrokken de hulpverleners met de boodschap dat ik een lekkere douche moest nemen en een paar uur moest gaan slapen. Ik was van plan om die tip van harte op te volgen maar eerst wilde ik wat drinken, de dorst waarmee ik wakker werd was ondraaglijk !

Nadat de broeders waren vertrokken liep ik naar de keuken en trok de koelkast open waar ik een literpak halfvolle melk uit pakte. Terwijl ik die op mijn mond zette en de woonkamer in keek zag ik een geïrriteerd ex vriendinnetje met de handen in haar zij naar me kijken.

"Wordt het niet even tijd dat je me een aantal dingen uit gaat leggen ?" zei ze terwijl ze een handdoek pakte om haar wit lederen bank droog te deppen.

"Ik vertel je alles wat je wilt weten nadat ik een douche en droge kleren heb gekregen van je" zei ik.

Zwijgzaam wees ze naar de trap in de gang waarna ik met mijn zeiknatte kleding over haar plavuizen vloer naar de woonkamerdeur liep.

Toen ik haar passeerde gaf ze me een tik op mijn achterhoofd en keek zowel bezorgd als bedenkelijk.

"Geen leugens dit keer oké ?" zei ze zacht.

Toen ik de gang in liep en op de klok boven het trapgat keek zag ik dat het even over tien uur in de ochtend was. Ik nam mezelf voor om die sombere maandag te gebruiken om kracht op te doen en na te denken over de afgelopen nacht en de eventuele gevolgen die ik daarvan kon ondervinden.

Sharon had de jas van mijn onvrijwillige chauffeur, mijn eigen jas en de rugtas aan de kapstok in de gang gehangen. Ik pakte de tas en liep naar boven, meteen rechts van de trap lag de badkamer dat tevens werd gebruikt als washok. De vochtige en stinkende kleding trok ik van mijn lichaam en bekeek mezelf goed in de manshoge spiegel die er aan de muur hing. Ik zat onder de schrammen en blauwe plekken, het was alsof zelfs de natuur me had tegengewerkt op mijn vlucht voor de politie.

Ik draaide de knop van de douche open waarna ik verwelkomd werd door behaaglijk warm water dat mij wilde omhelzen. Terwijl ik de douche even liet lopen verstopte ik de rugtas achter een kaptafel in de slaapkamer van mijn ex vriendinnetje.

Toen ik onder de douche ging staan vergat ik even alles om me heen. Het leek alsof de douchecabine een cocon was dat mij beschermde tegen alle negatieve invloeden van buitenaf en gaf me de tijd om weg te zakken in gedachten en fantasieën.

Ik waste mezelf met een naar vanille ruikende douchegel waarna ik op de grond ging zitten en het warme water als een deken over me heen liet stromen.

Mijn beenspieren deden zeer en mijn pols en schouder waren flink gekneusd na de val in de keuken van het restaurant, dus wilde ik de tijd nemen om weer op volle krachten te kunnen komen.

Ik moest Sharon om mijn vinger winden als ik deze plek wilde gebruiken om een paar dagen onder te duiken en lichamelijk te herstellen, want ik wist dat ze me zonder twijfelen de voordeur zou wijzen als ik niet met een goede reden zou komen voor mijn komst.

Vurig hoopte ik dat ze niet in de rugtas had gekeken toen ik buiten westen was want dat zou de opties voor een leugenachtige verklaring flink beperken.

Ik sloot mijn ogen en dacht terug aan de korte relatie die ik met haar had voordat ik de gevangenis in ging voor het neerschieten van Charlie.

Ze kon niet leven met het feit dat ik een crimineel was en verbrak na een paar maanden de relatie als donderslag bij heldere hemel.

Het was een zorgzame vrouw, betrokken, maar ook verschrikkelijk achterdochtig. Ze was blond en had een natuurlijk uiterlijk waar niks op aan te merken viel. Wel vond ik dat ze ongewoon grote voeten had voor een vrouw, maat 41.

Terwijl ik terug dacht aan de periode die ik met haar had beleefd klopte de hoofdrolspeelster uit mijn gedachten op de deur van de douche.

Ze liep de douche in en legde een trainingspak en een handdoek op de wastafel,

"dit zal je vast nodig hebben" zei ze.

Ik bedankte haar waarna ze de deur weer sloot.

Ik deed de douche uit en stapte uit de warme cabine een koude badkamer in. De grote spiegel was beslagen van de stoom die door het warme water was vrijgekomen en misschien was dat maar beter ook want ik had er ooit beter uit gezien.

Mijn gezicht begroef ik in de zachte handdoek die Sharon voor me had neergelegd en ik voelde de schrammen en sneetjes in mijn gezicht prikken, ook de schaafwonden op mijn scheenbenen en handen prikten alsof er alcohol op werd gesprenkeld. Nadat ik me had afgedroogd trok ik het zwarte trainingspak aan en maakte mijn sportschoenen schoon waarna ik ze op de centrale verwarming legde om te drogen.

Ik pakte mijn doorweekte outfit en stopte ze in de wasmachine waarna ik naar de slaapkamer van Sharon toe liep om een paar sokken te zoeken.

Terwijl ik de lades van haar kledingkast doorzocht viel het me op dat ze een foto van een man op haar nachtkastje had staan, ik ging er vanuit dat het haar nieuwe vriend was en vroeg me meteen af waar hij was.

Nadat ik een paar witte sportsokken had aangetrokken liep ik over de blauw gestoffeerde trap naar beneden, ondertussen probeerde ik te bedenken wat voor excuus ik aan Sharon ging vertellen voor mijn plotselinge verschijnen na een jarenlange afwezigheid.

Op het moment dat ik de keuken in liep struikelde ik bijna over een peuter in een loopstoel, het kleine meisje keek naar mijn geschrokken gezicht en schaterlachte terwijl ze met haar handjes op het stuurtje van de loopwagen sloeg.

"Die heeft ze van mijn schoonmoeder gehad" zei een stem uit de aangrenzende woonkamer.

De keuken en woonkamer waren tot een geheel gevormd doordat er een muur was weggehaald. In de periode dat ik met mijn ex vriendin omging was dat nog niet zo en ik zag op dat moment pas hoe groot het geheel eigenlijk oogde.

"Hoe heet ze ?" vroeg ik aan Sharon terwijl ik over het kleine meisje heen stapte en naar de bank liep waar ik kort daarvoor nog smerig en bewusteloos op had gelegen.

"Tara, ik heb haar vernoemd naar een Hollywood actrice" zei ze.

Ik ging naast haar op de bank zitten en keek haar een paar

seconden aan.

Op het moment dat ik haar wilde zeggen dat het me speet dat ik zo plotseling binnen was komen vallen onderbrak ze me door me te vragen wat ik kwam doen.

"Zit je in de problemen ?" vroeg ze.

"Nee zo kom ik altijd bij iemand op visite na een avondje darten" antwoordde ik sarcastisch terwijl ik opstond en haar een aai over haar hoofd gaf.

"Ik heb inderdaad wat gezeik aan mijn kop en ik zou het waarderen als ik hier een paar dagen kan blijven om wat zaken op een rijtje te zetten" .

Ik ijsbeerde wat door de woonkamer terwijl ik een verhaal ophing over jagende vijanden en oude rekeningen die mensen met mij wilden vereffenen.

Ze slikte het hele verhaal zoals een baby met een fruithapje en vertelde me dat haar vriend over een paar dagen terug kwam van een bouwklus in het buitenland.

"Dan moet je wel weg zijn" zei ze.

Ik vond het prima, ik had maar een paar dagen nodig om weer op krachten te komen en onder te duiken voor de politie.

"Ik beloof je dat jouw vriend niks zal merken van het feit dat ik hier geweest ben" zei ik plechtig terwijl ik haar doordringend aankeek.

"Overmorgen bel ik een taxi en laat ik me...". Mijn adem stokte.

Ik realiseerde me op het moment dat ik die woorden uitsprak dat ik helemaal niet veilig zat bij Sharon.

Bij het instappen van de taxi die later zou crashen had ik de chauffeur het adres van Sharon gegeven. Het zou een kwestie van tijd zijn voordat de rechercheurs die de zaak behandelden achter mijn verblijfplaats zouden komen.

"Wat is er ?" vroeg ze terwijl ze mijn geschrokken gezichtsuitdrukking probeerde te analyseren, "wat ga je overmorgen doen ?".

Ik liet mijn gezicht in mijn handen rusten terwijl ik diep zuchtte.

"Ik realiseer me nu dat ik hier niet kan blijven" zei ik terwijl ik naar de gang liep om mijn spullen te pakken.

Sharon rende achter me aan de gang in en trok me aan mijn arm terug de keuken in.

"Vertel me alsjeblieft wat er aan de hand is ! Komen er hier mensen naartoe ? Zijn wij in gevaar ? Vertel het me !!" schreeuwde ze terwijl ze me bij mijn gezicht pakte.

Ik keek in haar groene ogen die haar angst en onderdrukte paniek verraadde en pakte haar bij haar polsen waarna ze mijn gezicht losliet en haar armen naast haar lichaam liet vallen.

"Ga alsjeblieft niet weg zonder mij te vertellen wat er aan de hand is oké ?" vroeg ze terwijl ze trillend mijn hand vastpakte.

Ik probeerde te bedenken wat ik moest zeggen maar op dat moment waren mijn gedachten als een leeg schildersdoek.

"Ga even zitten" zei ik terwijl ik een keukenstoel een kwartslag draaide zodat ze haar nerveuze lichaam in rust kon brengen op het eikenhout.

Nadat ze was gaan zitten vertelde ik dat ik werd gezocht door de politie en ik op mijn vlucht een briefje was verloren met haar adres erop.

"Ik ben al dagen wakker Sharon, ik heb echt een dag nodig om na te kunnen denken en tot rust te komen" zei ik.

Toen viel er een stilte, onzeker probeerde ik aan haar gezichtsuitdrukking te ontcijferen wat er door haar hoofd heen ging maar het enigste wat me opviel was een trillende onderlip.

Plotseling stond ze op, duwde me aan de kant en liep naar een houten kastje dat naast de voordeur hing. Ze pakte er een sleutelbos uit en stampte woedend de keuken in waar ze een balpen pakte waarmee ze een adres op een servet schreef. Het was het huis van haar ouders, het echtpaar was op dat moment op vakantie.

Ik keek met enige verbazing naar haar en voordat ik het in de gaten had stond ze voor me en sloeg me met haar platte hand vol op mijn linkerwang.

Een paar seconden had ik nodig om te realiseren wat me overkwam en mijn verbazing maakte plaats voor woede.

"Wat flik jij mij godverdomme nou !!" schreeuwde ik terwijl ik een paar stappen naar voren deed.

Ze was inmiddels vlug naar de woonkamer toe gerend.

"Dat !" zei ze lachend terwijl ze naar de witte hoekbank wees.

"Is omdat jij het waagde om met je smerige poten op mijn dure bank neer te storten !".

Ze stak een middelvinger op en liep naar me toe.

"En dit is omdat je zo'n ongelofelijke klootzak bent" zei ze zachtjes terwijl ze me een kus op mijn gloeiende wang gaf.

Ze drukte het servetje en de sleutels in mijn hand terwijl ze me een knipoog gaf.

"Ga naar dit adres toe, blijf er een paar dagen en laat alles achter zoals je het er aantreft oké ? Het is het huis van mijn ouders, die zijn voor een paar maanden op vakantie in Nieuw Zeeland. Als de politie komt zal ik zeggen dat ik je nooit heb gezien" beloofde ze me.

"Je bent geweldig" fluisterde ik terwijl ik een kus op haar wang gaf.

Ik besloot om zo snel mogelijk te vertrekken en rende naar boven om de sporttas en mijn schoenen te pakken. Toen ik mijn vochtige sportschoenen had aangetrokken rende ik de trap weer af om de jassen te pakken en te vertrekken, Sharon stond al in de gang om afscheid van me te nemen.

"Het is hier rechts de straat uit, dan loop je tegen een klein winkelcentrum aan. Daar ga je links en loop je de weg af tot je een fietsenwinkel aan je linkerhand krijgt. Recht daar tegenover staat het vrijstaande witte huis dat van mijn ouders is" zei ze terwijl ze me hielp met het aantrekken van mijn smerige jas.
Ze pakte een handdoek uit het toilet en maakte het nat waarna ze de moddervlekken van mijn jas veegde.
"Ik zorg ervoor dat ik morgen weg ben" beloofde ik haar.
Ze pakte me met een hand bij mijn wang en gaf me zachtjes en langzaam een kus op mijn mond waarna ze de voordeur open deed.
"Pas alsjeblieft goed op jezelf, je bent onverbeterlijk" zei ze met waterige ogen terwijl ze mijn wang met haar duim streelde.
"Ik laat zo snel mogelijk wat van me horen" loog ik terwijl ik de voortuin in liep. Ik deed de rugtas op mijn rug, gaf haar een handkus en liep de voortuin uit.

Terwijl Sharon me met een bezorgde blik uitzwaaide liep ik de straat uit in de richting van het winkelcentrum, ondanks het risico om herkend te worden was ik vastbesloten om een paar ijskoude biertjes te scoren.

Op het moment dat ik het kleine winkelcentrum in liep werd ik wat zenuwachtiger en vroeg ik mezelf af of het wel verstandig was om zo in het openbaar rond te lopen.

Overal hingen camera's en ik wist op dat moment niet hoe de situatie in elkaar zat wat het onderzoeksteam betreft. Maar ik moest mezelf ontspannen en dat deed ik het liefst met een goed muziekje en een paar biertjes dus besloot ik om toch maar een snackbar in te lopen om mezelf te voorzien van een paar ijskoude flesjes bier.

Eenmaal aangekomen bij het statige huis van de ouders van Sharon keek ik nog even om me heen of niemand me naar binnen zag gaan waarna ik de sleutels in de voordeur stak en mezelf binnenliet.

Het eerste wat me opviel toen ik binnenkwam was de geur, de typische geur die je ruikt in bejaardentehuizen of bij elk huis waar bejaarde mensen wonen. Alsof mensen na een bepaalde leeftijd veranderen van lichaamsgeur waaraan men de leeftijd kan herkennen.

Ik bleef even stilstaan in de hal dat geheel opgetrokken was uit siertegels. Aan mijn rechterhand zag ik een statige trap naar boven en links van me zag ik een houten deur dat uitkwam op de voorkamer van het pand.

Aan het einde van de hal zag ik nog een gesloten deur maar kon op dat moment niet inschatten wat er achter lag.

Ik opende de deur links van me en een luid gekraak vulde de gang waarna ik het geluid hoorde weerkaatsen tegen de muren van de bovenverdieping en een echo mij als het ware verwelkomde in het grote pand.

Ik liep de huiskamer in en zag dat de ruimte klassiek was

ingericht met antieke meubels en tapijten. Dit was duidelijk de zitkamer van het huis. Rechts van me zag ik een lange muur met schilderijen en plankjes waar beeldjes en snuisterijen op stonden uitgestald en boven een deur hing een oude wandklok dat duidelijk jarenlang niet was afgestoft. De kamer deed me denken aan een film waarin Sherlock Holmes zijn vergrootglas over een antiek bureau liet zweven om raadsels te ontcijferen. Achter de deur waar de klok boven hing lag de eetkamer van het pand.

Ik liep langs een meterslange eettafel waar een gigantische kroonluchter boven hing en het viel me op dat er in de aangrenzende open keuken een modern kookeiland stond dat compleet uit de toon viel bij de rest van de inrichting van de ruimte. Grenzend aan de keuken zag ik een serre dat uitkwam op een gigantische tuin dat vol met tuinbeelden en vogelhuisjes stond. Ik liep vervolgens door een deur in de keuken waarna ik weer uitkwam in de ontvangsthal van de woning, dit was de deur aan het einde van de hal. Ik besloot een kijkje te nemen op de eerste verdieping. Daar vond ik recht tegenover de trap een badkamer. Er stond een sierlijk vervaardigd ligbad op pootjes en zelfs de spiegels en wastafels waren met de grootste zorg voorzien van sierlijke kranen en lijsten. Ook de slaapkamer van de ouders van Sharon was met de grootste zorg samengesteld in de stijl van Italiaanse renaissance.

Sharon was op de hoogte van mijn criminele inborst en ik vroeg me af of ze mij echt wilde helpen, of haar ouders te pakken wilde nemen door een op geld beluste misdadiger vrij spel te geven in hun huis met waardevolle objecten. Maar ik was er niet om voor verhuizer te spelen, al zal ik niet ontkennen dat ik die dag het hele huis heb doorzocht met de gedachte dat er misschien een kluis verstopt zou zijn.

Aan het einde van de hal op de eerste verdieping lag aan de rechterkant een werkkamer dat vol stond met volgestouwde boekenkasten en ik zag een eikenhouten bureau waar een comfortabele bureaustoel achter stond. Er lag een laptop op het bureau.

Ik had wel behoefte aan wat informatie dus besloot ik om een biertje open te maken en even rustig op het web te surfen om te zoeken naar berichten over de blauwe haaien die mij eerder op de korrel hadden genomen.

Op een klein berichtje over de gewapende overval na kon ik niks vinden over de gebeurtenissen die ik die afgelopen nacht had meegemaakt.

Nadat ik advertenties over aangeboden woonruimte had gezocht en de nodige info in mijn heilige agenda had geschreven hield ik het voor gezien, ik was doodmoe en het enigste wat ik op dat moment wilde was slapen.

Nadat ik de slaapkamer van de hoofdbewoners binnen was gegaan sloot ik de deur achter me en deed deze op slot, het was een werkdag en ik had geen zin om verrast te worden door een toevallige schoonmaakster of een buurvrouw die planten water kwam geven terwijl ik lag te slapen.

Ik ging in het gigantische bed liggen en voelde me even als dat kleine jongetje uit de film Home Alone. Ik sloot mijn ogen en zakte langzaam weg naar een slaperige toestand, voor het eerst sinds anderhalve dag inspanning en stress voelde ik me eindelijk rustig en duurde het niet lang voordat ik in een diepe slaap viel.

17

Lichtflitsen en schelle geluiden zorgden ervoor dat ik mijn ogen opende en bij mijn positieven kwam.

Ik merkte meteen dat ik niet meer in de slaapkamer was maar op een binnenplein dat spierwit was door de verse sneeuw die er op was gevallen.
Mijn voeten waren waterkoud en een ijskoude snijdende wind fouilleerde me tot op het bot.
Ik keek nog eens goed om me heen en zag dat ik was ingesloten door hoge gebouwen met tralies voor de ramen.
De muren waren grauw en grijs evenals de bewolkte lucht die als een reusachtig vervormend monster neerkeek op de verlaten binnenplaats.

Ik deed een paar stappen in de richting van een schommel dat spookachtig heen en weer zwiepte in de nevelachtige omgeving. Ik had het gevoel dat ik werd bekeken en draaide om mijn as terwijl ik naar de tientallen donkere ramen keek van de gebouwen die mij omringden.
Plotseling zag ik een schaduw in mijn ooghoek en voordat ik mezelf om kon draaien voelde ik een verschrikkelijke pijn in mijn zij.
Geschrokken en angstig keek ik om me heen maar de schaduw was verdwenen en behalve mijn eigen voetstappen in de sneeuw zag ik geen aanwijzing dat er een tweede persoon was.
De pijn in mijn zij was ondraaglijk en toen ik mijn shirt omhoog trok zag ik waarom. Ik was gestoken. De steekwond bloedde verschrikkelijk dus drukte ik mijn hand erop om het bloeden te

stelpen. Plotseling zag ik weer een schaduw voorbij schieten gevolgd door een stekende pijn in mijn rug, en vlak daarna herhaalde het zich gevolgd door een verschrikkelijke pijn in mijn buik. Ik werd van alle kanten gestoken maar kon niet zien door wie.

Ik rende zo snel als ik kon naar een verroeste deur van een gebouw en rukte er als een bezetene aan maar de deur was op slot.

Weer een schaduw... en weer... de pijn. Ik zakte op mijn knieën en keek omhoog naar de ramen en zag achter elk raam een bleek kindergezicht met zwarte priemende ogen en een lachende grimas.

De angst die ik voelde was overweldigend en ik smeekte huilend dat het ophield. Weer een schaduw, dit keer voelde ik dat mijn buik werd opengesneden.

Ik moest mijn ingewanden tegenhouden zodat ze niet uit mijn buik zouden vallen. Ik zakte in foetushouding op de grond en voelde de koude sneeuw op mijn gezicht, de neerslag om me heen kleurde rood van het bloed en mijn doodsangst zorgde ervoor dat ik geen controle meer had over mijn zenuwen.

Trillend van de pijn en de angst lag ik op de grond en keek naar de lachende gezichtjes achter de ramen van de grauwe gebouwen om me heen.

Ik werd licht in mijn hoofd, ik was stervende. Ik sloot mijn ogen met de hoop dat het snel afgelopen zou zijn maar opende ze weer toen ik een aanwezigheid voelde. De schaduw zweefde vlak voor mijn gezicht, de zwarte kap van de entiteit verdween waarna ik in de vlammende ogen van een demon keek. Het monster fluisterde iets onverstaanbaars in mijn oor waarna mijn keel werd doorgesneden en het laatste beetje licht uit mijn ogen verdween.

Mijn gedroomde dood bracht me terug naar de werkelijkheid. Schreeuwend en badend in het zweet werd ik wakker, ik was weer terug in de slaapkamer nadat mijn onderbewuste een gruwelijke nachtmerrie had ervaren.

Het was niet de eerste keer dat ik werd geplaagd door slechte dromen en het zou ook niet de laatste keer zijn.

Mijn hart ging als een razende tekeer terwijl ik rechtop in het grote bed zat, maar de controle over mijn ademhaling kwam langzaam terug waarna de paniek en angst langzaam wegzakte en mijn hartslag reduceerde.

Toen ik op de wekker keek dat op een nachtkastje stond zag ik dat ik ruim zeven uur had geslapen en ondanks de nachtmerrie die ik had ondergaan voelde ik me energiek en uitgeslapen.

Ik stapte uit bed en trok de lakens recht zodat het leek alsof het nooit beslapen was geweest. Nadat ik een koude douche had genomen en me had aangekleed besloot ik om de buit van de overval te bekijken.

Ik trok de plastic tas uit de rugtas en leegde het op het bed, ik telde het briefgeld en bekeek de sieraden die we onder dwang hadden afgenomen van het personeel van het restaurant. Er lag ruim 12000 euro aan cash geld op het bed en een partij sieraden waarvan ik besloot om dat zo snel mogelijk te verkopen.

Ik pakte duizend euro van de stapel briefgeld af en stopte het in de zak van mijn trainingspak, de rest bond ik met elastiekjes aan elkaar en stopte het samen met de sieraden en de wapens terug in de rugzak. Mijn eerste doel was woonruimte. Nadat ik had gereageerd op een paar advertenties en afspraken had gemaakt voor het bezichtigen van een aantal aangeboden appartementen belde ik de lokale shoarmazaak voor een extra grote kebabschotel, nadenken op een nuchtere maag heb ik nooit verstandig gevonden.

Ondanks de gekneusde schouder en de sneden en schrammen op mijn lichaam begon ik behoorlijk op te knappen en het gigantische broodje kebab dat ik met veel smaak had opgegeten droeg mee aan een verkwikkende en energieke instelling. Ik had gereageerd op een aantal door particulieren aangeboden appartementen in het noorden van Arnhem en had de volgende dag de eerste bezichtiging. De eigenaar van de koopwoning ging samenwonen met zijn nieuwe liefde en ging het appartement verhuren voor de periode dat het te koop stond. Hij zocht een betrouwbaar en rustig persoon, het liefst een werkend en sociaal type dat met beide benen op de grond stond. Hij kon het niet beter treffen ! Maar voor de zekerheid besloot ik toch maar om een wat nettere outfit te zoeken waarin ik mezelf voor ging stellen, want een sportschooltype in een zwart trainingspak maakt minder kans dan een kantoortype in een driedelig pak, zo dacht ik.

De avond was inmiddels gevallen en de kledingwinkels waren gesloten dus nam ik mezelf voor om de volgende ochtend op zoek te gaan naar een outfit waarmee ik goed voor de dag kon komen. De volgende ochtend stapte ik na een korte nachtrust energiek uit het grote bed van de onwetende eigenaren. Daarna maakte ik het bed op en nam een lange douche gevolgd door een uitsmijter met kaas en spek die ik vrolijk klaarmaakte in de gigantische keuken.

Het leek me niet verstandig om de binnenstad van Arnhem in te gaan om te zoeken naar een kledingzaak dus nam ik mezelf voor om dat te doen in het nabijgelegen Oosterbeek. Nadat ik alles had opgeruimd in het huis liet ik me met een taxi vervoeren naar het Centraal Station van Arnhem waar ik een bus pakte naar het dorp.

Oosterbeek staat in de streek bekend om het airborne museum en de herdenkingsplekken die refereren naar de beroemde slag om Arnhem in 1944. Overal waar je loopt staan beelden van oorlogshelden of herdenkingsplaten met namen en sterfdatums van geallieerde soldaten die sneuvelden tijdens deze operatie. De goed onderhouden flora en de schone straten in het dorp doen idyllisch aan, ik vond het een prima plek om rustig te zoeken naar een mooi maatpak.

Dat pak vond ik in een warenhuis, ik was eerder in een luxe kledingwinkel geweest maar daar wilden de verkopers mijn maten opnemen om het pak precies naar mijn lichaamsbouw te perfectioneren. Dat duurde mij te lang en ik had het pak die dag nog nodig dus nam ik genoegen met een pantalon, colbert en een blouse dat ik compleet maakte met een paar nette schoenen. Ik vond mijn nette zwarte outfit er top uitzien en ondanks de schrammen in mijn gezicht vond ik dat ik prima door kon gaan voor een vertegenwoordiger of uitvaartverzorger.

Die middag belde ik aan bij de flatwoning waar ik mijn oog op had laten vallen. Een man van middelbare leeftijd met een grijze baard en felblauwe ogen deed vriendelijk de deur voor me open waarna hij me binnenliet. Het was een appartement met een woonkamer en twee slaapkamers die met elkaar

153

verbonden waren door schuifdeuren in Aziatische stijl, zo kon men letterlijk een rondje door de woning maken. Ik vond het er prima uitzien, de eigenaar had het lichtbruine laminaat in het huis laten liggen en de muren waren beige van kleur met hier en daar een spijker waar ongetwijfeld een schilderij of fotolijst aan had gehangen. Via een glazen schuifdeur in de woonkamer kwam ik uit op het ruime balkon waar ik een prachtig uitzicht had op de skyline van Arnhem en het park dat aan de flat grensde.

De man vertelde me dat er naast mij nog twee mensen kwamen kijken naar het appartement. Ik was het vluchten en zoeken naar slaapplaatsen meer dan zat en wilde de woning absoluut betrekken dus bood ik de man een vooruitbetaling van vier maanden huur aan. Enigszins verbaasd stemde hij daarmee in waarna ik hem cash uitbetaalde. Gelukkig stelde hij verder geen vragen en overhandigde hij me glimlachend de sleutel. Nadat ik hem had gegarandeerd dat ik goed voor het appartement zou zorgen vertrok hij waarna ik tevreden op het balkon een sigaret opstak, ik was zo blij als een kind.

De dagen daarna was ik wezen shoppen bij een groot warenhuis waar ik alles kocht wat nodig was om het appartement mee in te richten.

Nadat ik de nieuwe televisie had aangesloten en de laatste plant op zijn plek had gezet voelde ik me sinds lange tijd eindelijk geborgen, ik had een basis voor mezelf verwezenlijkt. Wekenlang leefde ik als een God in Frankrijk, ik feestte erop los en gebruikte daarbij een overvloed aan drank en drugs. Niets in de wereld kon mijn humeur verpesten, tot die ene dag dat ik mezelf realiseerde dat mijn geldkistje aardig leeg begon te raken.

Door mijn feestgedrag en het uitgaan had ik een aardige kennissenkring opgebouwd en had daar ook een soort van vriendin aan overgehouden. Haar naam was Isa. Eigenlijk heette ze Isabella maar ze werd over het algemeen door iedereen Isa genoemd.

Ze was een vrouw van de wereld, leefde vooral in het uitgaansleven en stond met beide hakken stevig op de grond. Het was een slanke intelligente brunette die verstand van geld had en zich er graag mee omringde.

Op een avond dat wij bij mij thuis een wijntje dronken vroeg ik haar of ze wist waar ik een goede prijs kon krijgen voor een partij sieraden dat ik had bemachtigd.

Ze wist vreemd genoeg overal wel mensen voor te vinden, of het nou kleding, drugs of wapens waren, zij wist altijd wel via iemand iets te regelen. Op die manier voorzag ze zich in haar luxe levensonderhoud dat uiteraard gepaard ging met feesten in combinatie met netwerken.

De volgende dag waren we in haar Audi onderweg naar Antwerpen om de gouden sieraden te verkopen aan één van de vele juweliers die de stad rijk is. Het was een geweldig weekend en die paar duizend euro die de sieraden opbrachten vlogen net zo snel uit mijn handen als dat ze erin kwamen.

In de weken daarna leerde ik kennissen van Isa kennen doordat ik samen met haar wat zaken afleverde bij mensen die daarom vroegen. Zo kwam ik tijdens een onderonsje in een kroeg in Apeldoorn in contact met een paar kerels die zich bezighielden met gewapende overvallen. Isa en ik verkochten de door hun gevraagde wapens aan eerstegraads familie van deze criminelen die dat op hun beurt weer aan de mannen leverden. Normaal kwamen we niet in contact met deze gasten maar in dit geval waren we uitgenodigd op een privéfeestje die daar om voor mij nu nog onduidelijke redenen werd gegeven. Ik vermaakte me er prima en tegen sluitingstijd werden er telefoonnummers uitgewisseld met de belofte dat we elkaar de volgende dag zouden bellen voor een vervolgafspraak.

Ik wisselde wel vaker contacten uit met mensen die ik tijdens het stappen tegenkwam en op dat moment waren het mijn beste vrienden, maar over het algemeen hoorden en zagen we elkaar daarna nooit meer.

Mijn verbazing was dus groot toen mijn mobiele telefoon de volgende dag afging.

"Hey kerel, hoe is het met je kop ?" zei de stem aan de andere kant van de lijn. Ik probeerde op dat moment heel erg hard na te denken wie de mysterieuze man aan de andere kant van de lijn kon zijn maar moest beschaamd aan hem vragen waar ik hem van kende.

"Betaal je godverdomme de hele avond bier en whisky voor iemand en vervolgens is hij je de volgende dag vergeten ! Moet ik de rekening even bij je incasseren ?" zei de man lachend.

Toen ging er een lampje branden, het was Aaron. Ik had Aaron de avond ervoor in de kroeg leren kennen. Hij was één van de organisatoren van het feest en de spin in het web van een hechte groep vrienden die zich bezighielden met zware criminaliteit.

"Je belt me niet om te vragen wat voor ontbijt ik ga eten ?" vroeg ik.

"Nee, ik bel je om te vragen of je zin hebt om een ontbijtje met mij te eten" zei hij vrolijk.

Voordat ik kon antwoorden zei hij dat hij me over een half uur verwachtte in het restaurant van een hotel aan de rand van Arnhem. Nadat ik een douche had genomen en mezelf had aangekleed vertrok ik met een stadsbus naar de afgesproken plek.

Het was een statig hotel waar vlaggen van verschillende landen boven de ingang wapperden. De muren leken van marmer en om het plaatje compleet te maken stonden er aan weerszijden van de glazen schuifdeur gigantische bloembakken met honderden verse rozen. Dit was duidelijk een klasse A hotel en was blij dat ik aan kwam lopen in mijn nette outfit want tussen alle driedelige pakken die er liepen zou ik flink uit de toon vallen met een sportbroek aan.

Eenmaal aangekomen in het restaurant van het hotel zag ik aan een tafeltje bij het raam een kale vent met een rood hoofd zitten, in een trainingspak.

"Hey gabber !" riep hij vrolijk.

Ik schudde zijn hand en ging tegenover hem zitten.

"Moet je nou eens kijken, al die smerige zombies die uit vuilnisbakken vreten. Die zou je toch gewoon neer moeten knallen ?" zei Aaron terwijl hij door het raam naar een zwerver keek die sigarettenpeuken verzamelde op het trottoir.

"Je moet goed voor jezelf zorgen kerel, niemand anders doet het voor je" zei hij bedenkelijk. Hij wenkte de ober en wees naar zijn kop koffie, die begreep de hint en een paar minuten later stond er een warme mok zwarte koffie voor me op tafel.

"Hoe zou je het vinden om wat geld te verdienen ? Niets groots of zo maar genoeg om even je rekeningen te kunnen betalen. Ik heb van Isabella begrepen dat je op verschillende manieren aan je geld komt en ik denk dat ik je wat meer vastigheid kan bieden".

Ik verbaasde me over de zakelijke en serieuze manier waarop hij die woorden uitsprak, de amicale man die ik een minuut daarvoor een hand had gegeven was in seconden veranderd in een man die dwars door me heen keek.

Ik was even van mijn stuk gebracht door die plotselinge overgang van karakter en wist seconden lang niets te zeggen.

Deze man was een serieuze crimineel, een denker die overvallen organiseerde maar vrijwel nooit deel nam aan zijn eigen plannen. Blijkbaar zag hij aan mijn gezichtsuitdrukking dat ik twijfelde dus doorbrak hij de ongemakkelijke stilte.

"Denk er even over na kerel, mijn neefje zit vast en ik heb een vervanger nodig voor een klusje in de omgeving van Enschede over een paar weken."

De reden dat ik op dat moment twijfelde was omdat ik eerder in mijn leven aan een groep criminelen vast had gezeten en dat kostte me toen bijna mijn leven. Ik had mezelf daarna voorgenomen om altijd onafhankelijk te blijven, maar tegen beter weten in stemde ik toe.

"Ik hoef niet na te denken, bel me wanneer je me voor wilt stellen aan de jongens waarmee ik ga samenwerken" antwoordde ik vastberaden en gemotiveerd.

Aaron glimlachte.

"Afgesproken" zei hij terwijl hij me een stevige handdruk gaf.

De man had indruk op me gemaakt. Niet alleen omdat hij op een zelfverzekerde manier bezig was met zijn zaken, maar ook omdat het een persoon was waarmee je meteen rekening hield als hij tegen je sprak. Ik kon me goed voorstellen dat mensen zich snel geïntimideerd voelden als hij een kamer binnen kwam, want je kon simpelweg niet om hem heen. Dat vriendelijke, dat amicale karakter van hem was een masker. Hij was een roofdier dat gecamoufleerd was als prooi, als hij je vertrouwen had gewonnen dan belandde je in zijn tentakels en was het te laat.

Een paar dagen later ontmoette ik Aaron en twee van zijn handlangers in een openbare bibliotheek in Arnhem. Daar kreeg ik openheid en duidelijkheid van zaken. Ik realiseerde me dat zijn tentakels verder reikten dan alleen het organiseren van gewapende overvallen.

Hij organiseerde ook drugstransporten naar onze buurlanden, hondengevechten en deed zaken met mensenhandelaren. De overval die hij voor ons had gepland moesten we uitvoeren in het zuiden van Nederland, het was een grote supermarkt waar je ook terecht kon voor kleding, spelcomputers of speelgoed.

Toen ik het complete plan op tafel zag en de manier waarop het was gepland leek het een makkie om dat uit te voeren. Alles was geregeld. Vuurwapens, vluchtauto's en zelfs een klein appartement op een half uur afstand rijden van de supermarkt was klaar om gebruikt te worden. Hij maakte gebruik van informatie dat van werknemers van de supermarkt afkomstig was. Hij liet neefjes of jongens uit zijn directe omgeving solliciteren als vakkenvuller of magazijnmedewerker en die voorzagen hem van alle informatie dat voorhanden was. Isa regelde via haar contacten de vuurwapens en wij moesten het eerste deel van de vluchtroute uit ons hoofd leren, het tweede deel van de route zou gereden worden door iemand anders. Toen het gesprek was afgelopen hield ik een naar smaakje over aan het plan, ik vond dat er teveel mensen bij betrokken waren en dat verhoogde de pakkans. Daar kwam bij dat Aaron vijftig procent van de kluisinhoud verlangde en daar was ik het absoluut niet mee eens, de jongens die alle informatie gaven en de chauffeur die het tweede deel van de route moest rijden kregen een fooi vergeleken bij wat hij zou opstrijken.

De andere vijftig procent moest verdeelt worden onder drie man. Dat zou betekenen dat ik naar schatting niet meer dan vijftienduizend euro over zou houden aan die klus als de beloofde honderdduizend er echt zou liggen.

Zou er een fractie van het bedrag liggen dat hij ons in het vooruitzicht stelde, dan zou hij zeggen dat we hem wilden belazeren en dan zou hij alsnog een halve ton eisen.

Als we die overval zouden plegen dan hielden we er niks aan over, daar waren we van overtuigd.

Ik moest toegeven dat hij het slim aanpakte, hij verdiende het meeste geld en liep daarbij het minste risico.

Het was de bedoeling dat ik de overval ging doen met Gino en Danny. Deze jongens waren toen een jaar of vijfentwintig, net zo oud als ik in die tijd. Dit was hun eerste klus die ze voor Aaron gingen uitvoeren en ik was regelmatig bij hoogoplopende ruzies tijdens gesprekken die ze hadden met die kale.

Net zoals ik waren ze het niet eens met de planning die hij ons als het ware oplegde, er was geen discussie mogelijk in de ogen van de planner. Normaal organiseerden ze hun eigen overvallen maar omdat Gino een schuld bij Aaron open had staan hadden ze afgesproken dat ze een klus voor hem zouden doen en hem daarmee zouden compenseren.

Deze twee jongens waren als broers, ze kenden elkaar al vanaf hun kindertijd en waren onafscheidelijk. Gino was een Surinamer met een plat Utrechts accent die geen genoeg kon krijgen van vrouwen met rood haar en sproetjes. Danny was een magere jongen met rood haar dus dat gaf mij weer voer om die twee regelmatig te treiteren. Een paar dagen na de ontmoeting in de bibliotheek werd ik gebeld door Danny. Hij wilde iets met me bespreken en nodigde me bij hem thuis uit om een voorstel te doen. Diezelfde avond reed ik samen met Isa naar het huis van Danny. Hij woonde in een flat in de Utrechtse wijk Kanaleneiland.

Het was er druk op straat en overal hingen groepen jongeren rond. Hij woonde in een slecht onderhouden flat waar een nog slechter onderhouden speeltuintje voor lag.

Op één van de bankjes in de speeltuin voor de flat zag ik Gino en Danny zitten. Ze hadden een krat bier voor zich staan en waren druk gebarend in gesprek, ze merkten ons pas op toen we naast hun gingen zitten.

"hey, daar hebben we ons liefdeskoppel" zei Gino spontaan en meteen voelde ik een soort van irritatie omhoog borrelen. Ik zag Isa niet als mijn vriendin of vrouw maar ze was er nu eenmaal en dat had zo zijn voordelen. Ze reed me overal naartoe waar ik moest zijn, ze neukte verschrikkelijk goed en ze had overal wel een kennis die ergens aan kon komen. Ze was praktisch, zoals een rugzak vol gereedschap.

Gino opende een flesje, gooide de dop tegen de zijkant van mijn hoofd en reikte me glimlachend het biertje aan.

"Alsjeblieft gozer" zei hij terwijl hij me een knipoog gaf.

Ik nam het biertje aan en nam een flinke slok.

Nadat we een paar uur hadden gepraat over het weer en de actualiteiten in de kranten besloten we om ter zake te komen, het begon donker te worden dus verruilden we het speeltuintje voor de woonkamer van Danny.

Aan de inrichting kon men zien dat er flink wat geld in was gestoken Er stonden marmeren beelden, porselein servies in een gigantische buffetkast en een witte stoffen bank die hij had omsloten met plastic.

Danny was afkomstig uit een woonwagenkamp en dat was duidelijk terug te zien in zijn stijl van inrichten, het kon zomaar de woonwagen van zijn ouders zijn.

Hij had ook een huisdier, een zwarte rat die hij Babbel noemde.

"Die kale is een hebzuchtig varken" zei Gino en liet daarna een gigantische boer.

"Die hele overval zit me niet lekker en ik kan me niet voorstellen dat er een ton aan cash geld in die kluis zit, straks pakken we die supermarkt en houden we er een troostprijs aan over terwijl Aaron de jackpot pakt"

.

Danny aaide Babbel, die rustig op zijn schouder aan een stukje brood zat te knabbelen.

Zonder op te kijken sloot hij zich aan bij de mening van Gino.

"Maar luister ouwe, je hebt een schuld openstaan bij die man en ik denk niet dat hij het erbij laat zitten als je besluit om niet meemee te werken." Zei ik.

Er viel een ongemakkelijke stilte want we wisten alle drie dat Aaron geen persoon was waar we makkelijk vanaf zouden komen en dat het cancelen van de overval voor serieuze problemen zou zorgen. Hij had ongetwijfeld andere jongens die de klus zouden klaren maar wij wisten teveel en daarbij moest Gino nog een tamelijk groot bedrag aan hem betalen dus moesten we rekening houden met de gevolgen die weigering met zich mee zouden brengen.

" We organiseren zelf een klus oké? Dan kan ik die kale betalen en zijn we van hem af." Zei Gino geïrriteerd.

Danny stopte zijn rat terug in zijn kooi en liep naar de keuken om een bakje water voor het beest te vullen.

"Dan nog zal hij niet blij zijn als hij te horen krijgt dat we die supermarkt niet gaan pakken" zei hij terwijl hij de kraan opendraaide.

"Daar komt bij dat de klootzak dan 50 ruggen van ons gaat eisen omdat hij verwacht dat het zijn aandeel zou zijn en hij dat mis loopt omdat wij die klus niet gaan doen, daar zie ik hem wel voor aan."

Aaron was een opportunist in hart en nieren, hij zou compensatie eisen als we die klus niet zouden doen en daarna alsnog die overval laten doen door een paar andere jongens. Het was een gevaarlijke man en we wisten dat we flink in de problemen zouden komen als we hem zouden passeren. Ik keek naar Isa die recht tegenover me in een stoel zat en zag dat ze zwijgzaam bezig was met haar telefoon.

"Weet je wat we doen?" zei Gino terwijl hij een klap op de

salontafel gaf. "We doen een overval voordat die van die kale plaats gaat vinden, dan hebben we meteen geld om hem te compenseren als we tegen hem zeggen dat we niet met hem in zee gaan."

Opnieuw viel er een ongemakkelijke stilte dat na een paar minuten doorbroken werd door het getril van mijn mobiele telefoon op de salontafel. Ik pakte de telefoon, keek op het display en zag dat het Aaron was die mij belde. Als je het over de duivel hebt..

Ik pakte op en kreeg een woedende man aan de telefoon. "Vuile teringlijer ! Wat denk je nou ! Dat je mij kan fucken ? Ik schiet jou en iedereen om je heen kapot als jij je afspraken niet nakomt hoor je me ?!"

Ik schrok me kapot en voordat ik een woord had uitgesproken werd er opgehangen. Mijn geschrokken gezicht verraadde het telefoontje en meteen stelde Gino de vraag wat er aan de hand was.

Gedachten vlogen als lichtflitsen door mijn hoofd terwijl ik me afvroeg hoe hij wist wat wij aan het beramen waren. En toen werd het duidelijk, ik keek naar Isa die nog steeds druk met haar mobiele telefoon bezig was. Ik stond op en rukte de telefoon uit haar handen.

"Wat doe je ! geef die telefoon terug !" snauwde ze terwijl ze opstond om hem terug te pakken.

Ik zag dat ze in haar sms menu zat en berichten aan het verwijderen was. Terwijl ik haar terugduwde in de stoel bekeek ik de laatst verzonden berichten. Ik las dat ze berichten had gestuurd aan Aaron terwijl wij bezig waren met het gesprek over hem. Ze had hem ingelicht. Ik ontplofte ! Op het moment dat ze wederom op wilde staan gaf ik een knietje

in haar gezicht waardoor ze weer terug in de stoel viel.
Meteen daarna sloeg ik de telefoon herhaaldelijk op haar
gezicht waardoor het gebroken uit mijn hand viel.
"TERINGHOER !! VIEZE TERINGHOER !!" Schreeuwde ik
terwijl ik de verraadster aan haar haren uit de stoel trok
waarna ze met haar gezicht op de salontafel viel.
Ze viel op de grond en op dat moment werd ik door Gino en
Danny bij haar uit de buurt getrokken.
Ik was furieus ! Ze krabbelde omhoog en liet zich in paniek op
de bank vallen, haar hele gezicht was blauw en zat onder het
bloed. Toen ik dat zag zakte mijn woede en kon ik weer
tamelijk rationeel denken.
"Ze heeft die kale ingelicht." Zei ik hijgend.
Gino liep naar haar toe en hielp haar omhoog. Wankelend
hield ze zich aan hem vast toen ze in de richting van de
slaapkamer liepen.

"En nu ?" zei ik terwijl ik Danny geschrokken aankeek.
Vanuit de slaapkamer hoorde ik een hoop gestommel en
geschreeuw.
"NEE ! NIET DOEN GINO !" hoorde ik Isa gillen waarna het
doodstil werd.
Niet lang daarna kwam hij de slaapkamer uit met zijn handen
en gezicht onder het bloed.
"Heb je haar afgemaakt ?" vroeg Danny terwijl hij met een
trillende hand een sigaret opstak.
"Nee, ik heb haar met een beeld bewusteloos geslagen en
haar vastgebonden in de kledingkast gelegd" antwoorde hij.
"Dat boeddah beeld van mijn nachtkastje ? Nu weet ik zeker
dat we naar de klote gaan" antwoordde Danny krampachtig.
"Hou dat spirituele gelul maar voor je, we hebben al genoeg

gezeik in de realiteit" antwoordde Gino terwijl hij zijn gezicht en handen schoonmaakte in de keuken. "Dit bloed komt van haar gezicht, maak je niet druk" vervolgde hij toen we keken hoe hij zichzelf reinigde.

In feite was het probleem met Aaron nu opgelost, er was geen haar op onze hoofden dat er aan dacht om nog een keer met hem af te spreken. Ook was het de bedoeling dat hij ons niet kon vinden want onze afwezigheid zou hem ongetwijfeld flink pissig maken.

We gooiden onze mobiele telefoons weg en besloten om naar mijn appartement te gaan, dat was de enige plek die Aaron en zijn vrienden niet wisten te vinden want ik had hem nooit verteld waar ik woonde. Hij zou ons ongetwijfeld gaan zoeken, daar waren we het over eens.

Deze man was te hoog gegrepen voor ons en het zou onverstandig zijn om te blijven zitten waar we zaten.

Danny pakte een tas met kleren en ging naar beneden om de auto te halen want die stond een straat verderop geparkeerd. Gino en ik liepen naar de slaapkamer om Isa uit de kast te halen.

Toen we de deur open deden lag ze nog steeds bewusteloos tussen oude schoenen en plastic tassen.

"Weet je zeker dat je haar niet dood hebt geslagen ?" vroeg ik aan Gino.

Zonder wat te zeggen pakte hij het snuifspiegeltje van Danny van het nachtkastje en hield het voor haar mond. Het spiegeltje besloeg door haar warme adem wat voor ons het teken was dat ze niet was overleden. We tilden haar samen uit de kast en legden haar op het eenpersoonsbed dat in de

slaapkamer stond. Met een nat washandje maakte ik haar gezicht schoon.
Toen we al het bloed op haar gezicht en hals hadden verwijderd zagen we pas hoe erg haar gezicht er aan toe was. Haar beide ogen waren dik en blauw, haar lip was gescheurd en haar jukbeenderen waren opgezet.
"Je hebt goed je best gedaan" zei Gino terwijl hij haar een vest met capuchon aandeed.
"De tering voor haar, als het aan haar had gelegen dan hadden we deze week nog in het mortuarium geslapen" zei ik terwijl we haar optilden.

We namen elk een arm en trokken die achter onze nek, zo sleepten we haar naar de voordeur. Danny stond ondertussen met een draaiende motor voor de ingang van de flat en gebaarde dat we op moesten schieten.
Eenmaal beneden aangekomen legde we haar in de kofferbak van de auto. Mompelend en scheldend sloeg Gino de kofferbak dicht waarna we instapten en vertrokken.
In de auto werd druk gediscussieerd over Isa, wat moesten we met haar doen ? Als we haar vrij zouden laten dan zouden we geen grip meer op haar hebben en zoals ik Isa inschatte zou ze meteen maatregelen treffen als ze zich verlost zou hebben van ons. Daarbij wist ze teveel van me en alleen dat idee al sloot uit dat ik haar kon laten lopen.
Achteraf gezien had ik haar nooit ergens bij moeten betrekken want zoals ik later in de gevangenis talloze keren had moeten horen, 'vrouwen zijn in deze wereld niet te vertrouwen.'

Danny kwam met het idee om haar te verzwaren met grindzakken en haar in de Rijn te gooien. Die zakken lagen

167

open en bloot langs de kade van de Rijn omdat er een bedrijf zat dat zich bezighield met zand en grindwinning uit de rivier.

Het idee klonk aantrekkelijk, ware het niet dat al haar vrienden en kennissen wisten dat ik met haar omging en ik niet wist met wie zij contact had in de dagen voordat dit gebeurde. Haar auto stond nog bij Gino voor de deur en talloze mensen hadden ons urenlang in het speeltuintje voor zijn flat zien zitten.

We zouden er nooit mee wegkomen dus moesten we iets anders verzinnen. We besloten af te wachten en haar goed in de gaten te houden, ik zou haar geen moment meer uit het oog verliezen.

De benzinetank van de auto begon tot onze ergernis angstwekkend leeg te raken dus hadden we geen keus en moesten we stoppen bij een Shell tankstation langs de A12. "Stomme lul, had je niet even kunnen tanken vandaag?" beet Gino de chauffeur verwijtend toe.

"Ik kon godverdomme toch ook niet weten dat ik vandaag rond zou rijden met een beurs gebeukt wijf in de kofferbak!?" zei Danny geïrriteerd terwijl hij de oprit naar het tankstation op reed.

Ik hoopte vurig dat Isa niet wakker was geworden tijdens de rit. Nadat we voor de pomp waren gestopt en Danny de motor had uitgezet bleven we muisstil zitten om te luisteren of ze geluid maakte.

We hoorden niets dus besloot ik om te tanken, te betalen en zo snel mogelijk de afrit naar de snelweg te pakken.

Toen ik had getankt en in de rij ging staan om te betalen voelde ik me als een opgejaagde hond. Het leek een eeuwigheid te duren voordat de mensen voor mij in de rij hadden betaald. Ik was dan ook opgelucht dat we zonder problemen de snelweg weer op reden en onze weg naar mijn huis konden vervolgen.

Het was inmiddels middernacht toen we er aankwamen. Danny parkeerde de auto zo dicht mogelijk bij de hoofdingang van de flat zodat we snel met Isa een lift in konden duiken. Ik gaf Gino de sleutels waarna hij de centrale deur open maakte en er een baksteen voor plaatste zodat ie niet dicht zou vallen.

Danny opende de kofferbak. Op het moment dat ik mezelf voorover boog om Isa eruit te tillen voelde ik een trap tegen mijn gezicht gevolgd door een gedempt gegil. Isa was wakker en ik had sterk het idee dat haar humeur ooit beter was geweest.

Ze trapte als een bezetene van zich af terwijl haar handen achter haar rug waren gebonden en haar mond was dichtgeplakt met tape. Danny en ik trokken haar zo snel mogelijk uit de kofferbak en sleepten haar naar de lift die Gino voor ons open hield. In de lift legden we haar met haar buik op de grond tot we op de juiste verdieping waren aangekomen. We wisten zonder moeite mijn appartement te bereiken en ik slaakte een zucht toen ik de voordeur zich achter ons sloot.

Eenmaal binnen sloot ik de gordijnen en zette Isa in een comfortabele stoel waarna ik een keukenstoel pakte en tegenover haar ging zitten. Ik pakte mijn vuurwapen, laadde het door en zette het op haar voorhoofd.

"Als je verstandig bent dan hou je jezelf rustig want je kan geen kant op, begrijp je dat ?" snauwde ik haar toe.

Ze knikte en sloot haar ogen. Ik trok de tape van haar mond en keek haar een tijdje aan terwijl ze zuchtend om zich heen keek.

"Mag ik wat water?" vroeg ze met een hese stem. "Natuurlijk" zei ik en stond op om een glas water met een rietje te pakken.

Gino zette de televisie aan en begon wat te zappen. Ik stopte het rietje in haar mond waarna ze er gulzig aan zoog en niet stopte voordat het hele glas leeg was.

"Was dit nou echt nodig?" vroeg ze rustig terwijl ze naar haar benen keek.
"Waarom heb je Aaron ingelicht?" vroeg ik.
Ze keek me aan en zweeg een paar seconden.
"Omdat ik geld aan hem verdien" antwoordde ze met een glimlach.
Ik was verbijsterd, van alle antwoorden die ik had verwacht was dit wel de meest bizarre.

"Je begrijpt toch wel dat dit soort dingen niet gezond zijn voor je?" zei ik.
Toen werd er op de deur geklopt, het was Danny.
"De auto is geparkeerd ouwe!" zei hij met een glimlach toen ik de deur open deed.
"Hoe is het met doornroosje?".
Hij ging naast Gino op de bank zitten en legde zijn voeten op de salontafel.
"Maak me los" zei Isa, waarna Danny bijna stikte in het biertje dat hij uit de koelkast had gepakt.

"Dat is geen optie meid" zei hij en maakte een proostend gebaar met zijn flesje. "

Ik weet even niet wat ik met je aan moet" zei ik tegen haar terwijl ik de kogel uit de kamer van het vuurwapen haalde dat ik even daarvoor had doorgeladen. Ik stopte het terug in het magazijn en legde het wapen op een bijzettafeltje.

Na een tijdje praten werd de sfeer iets gemoedelijker en bood ze ons een deal aan. Dat was typisch Isa, al hing ze ondersteboven aan een gerafeld touwtje boven een ravijn, ze wist altijd wel iets te verzinnen waarmee ze zichzelf kon redden en kreeg het dan ook nog voor elkaar om er financieel beter van te worden.

Ik had niet veel keus dan haar proberen te vertrouwen, al had ik liever een valse pitbull tegenover me gehad op dat moment. Ze was via een kennis van Aaron op de hoogte van een aantal zaken waar de man zich mee bezighield. Zo wist zij vlakbij Rheden in de provincie Gelderland een groothandel in diervoeding te vinden waar een grote som geld te halen viel. Het was een boerenbedrijf waar behalve diervoeding ook grote aantallen slachtkippen en eieren werden verkocht.

De plattegrond van het bedrijf en de financiële administratie was door een pas ontslagen werknemer gekopieerd en verkocht aan die kennis van Aaron, die dat op zijn beurt weer had doorverkocht aan de kale crimineel.

"De eigenaar van het bedrijf vertrouwd geen banken en bewaart een groot deel van zijn omzet in een kluis op die locatie" zei Isa.

"Ik regel die informatie voor jullie en wil een gelijk deel van de buit, dan pas vergeef ik je die klappen, klootzak."

171

Ik moest toegeven dat ik haar bewonderde, dit was het werk van een rasechte opportunist. Ik wist dat ik niet veel keus had dan op haar voorstel in te gaan maar ik kon niet alleen voor mezelf beslissen in die situatie dus keek ik Gino en Danny aan. Bijna synchroon knikten ze instemmend en een nieuw plan was geboren.

Ik stopte mijn vuurwapen terug tussen mijn broekband en liep naar de keuken om een glas cola in te schenken. Mijn wantrouwen naar haar toe was nog verschrikkelijk sterk dus nam ik mezelf voor om te zorgen dat ze niet van gedachten kon veranderen. Ze was ontzettend close met haar jongere zus en toevallig wist ik waar ze woonde dus maakte ik dankbaar gebruik van de enigste persoon op de wereld waar Isa om gaf.

"Jij gaat morgen die informatie halen" zei ik tegen haar terwijl ik haar handen los maakte.

"Maar je begrijpt toch zeker wel dat ik op safe speel ?"

Ze knikte en liep naar een wandspiegel dat boven de eettafel hing. Toen ze haar spiegelbeeld zag slaakte ze een kreet en draaide zich naar me toe.

"Denk jij verdomme dat ik morgen met deze kop over straat ga ?" schreeuwde ze.

"Je hebt er inderdaad beter uitgezien maar ik heb nog wel een zonnebril liggen" zei ik rustig terwijl ik de slaapkamer in liep.

Gino en Danny trokken hun jassen aan.

"Wij pakken een hotel kerel, we zien je hier rond een uur of elf in de ochtend oké ?" zei Danny terwijl hij me een hand gaf.

Nadat we afscheid hadden genomen pakte ik het matras van mijn bed en gooide het op de grond van de badkamer.

"Hier slaap jij vannacht" zei ik tegen Isa en gaf haar een deken en een kussen. Ze keek me verontwaardigd aan.

"Zoals ik al zei speel ik op safe" zei ik met een glimlach.

Ik kon niet riskeren dat ze een mes in mijn borst stak als ik lag te slapen of dat ze er vandoor ging en mensen in ging lichten die ik liever niet in mijn omgeving had. De badkamer had geen ramen en was goed geïsoleerd.

"Krijg lekker de tering" beet ze me toe, pakte de deken aan en liep mopperend de badkamer in.

"Welterusten, je hebt een zware dag achter de rug" zei ik.

Nadat ze met een middelvinger had geantwoord sloot ik de badkamerdeur en schoof de driezitsbank voor de deur dat die nacht dienst deed als mijn slaapplek. Ik was kapot en was blij dat ik eindelijk wat rust kon pakken want de volgende dag zou net zo vermoeiend worden.

18

Badend in het zweet werd ik tegen vijf uur in de ochtend wakker. De oorzaak was een steeds terugkerende nachtmerrie, een chronische onderbewuste plaag die mij elke nacht kwelde. Soms vroeg ik me af of ik bezeten was of dat de slachtoffers die ik in mijn leven maakte collectief zwarte wraakzuchtige gedachten op me afstuurden waardoor ik mijn rust niet kon vinden. Ik was in die periode van mijn leven een slecht mens en had ondanks alles wat mij was overkomen nog nooit van karma gehoord. Deze nachtmerries heb ik tot op de dag van vandaag nog, al is dat niet meer elke nacht.

Nadat ik mezelf de tijd had gegeven om bij te komen liep ik naar de keuken om koffie te zetten. Toen het koffiezetapparaat begon te pruttelen trok ik een trainingsbroek en een haltershirt aan en stopte mijn wapen tussen de elastiek van de broek.
De eerste uitdaging van de dag was een feit, dat was kijken hoe het met Isa gesteld was. Zachtjes schoof ik de bank weg en trok de deur een stukje open, het was pikdonker in de douche. Ik trok de deur verder open en deed het licht aan. Isa lag in foetushouding op het matras met een nat washandje op haar ogen waarmee ze ongetwijfeld de bedoeling had gehad om de zwellingen mee te reduceren.

Ik deed het licht uit en de deur weer dicht waarna ik een kop koffie pakte en op de vensterbank ging zitten om naar buiten te kijken. Nederland werd wakker. Het ochtendgloren scheen als een roodgele deken over de daken van de woningen en stadsparken straalden verschillende tinten groen uit waardoor de grauwe betonnen muren van de stad een kleurtje kregen. Op straat zag ik mensen vertrekken naar hun werk en lieten hondenbaasjes gapend hun trouwe viervoeters uit.

Of ik nou in een natuurgebied stond en uitkeek over de heide, op het strand liep en uitkeek op de zee, of in een appartement uit het raam tuurde en uitkeek op de stad, vergezichten gaven me rust en bezinning.

Het begin van een nieuwe dag startte ik altijd met een heerlijke lauwe douche en daarmee pakte ik meteen de kans om Isa haar ware bedoelingen te testen want wat haar de dag ervoor was overkomen was immers niet niks.

Ze was inmiddels wakker, want ik hoorde dat de douche aan stond. Ik pakte het vuurwapen en klikte het magazijn eruit, waarna ik de kogels eruit haalde en het magazijn weer terug in het wapen deed. De kogels stopte ik in een soepterrine dat in een keukenkastje stond en het lege vuurwapen legde ik op hetzelfde bijzettafeltje waar het eerder had gelegen. Als Isa wraak wilde nemen of de situatie naar haar hand wilde zetten dan kon ze haar kans pakken.

Ik nam nog een kop koffie en deed de balkondeur open. Een heerlijke koele ochtendlucht verwelkomde mijn huid waardoor ik besloot om de koffie op het balkon op te drinken.

In het midden van het balkon had ik een paar houten stoeltjes en een tafeltje neergezet, op het tafeltje stond een asbak dat ik had gestolen van een terras uit de buurt en een plant dat kon dansen op geluid, maar daar werd ik op een gegeven moment zo gestoord van dat ik de batterijen eruit had gehaald.

In gedachten verzonken keek ik naar de bewegingen die de warme damp van mijn koffie maakte in de koude lucht. Op de mok stond de tekst **Supervader van het jaar**. Ik vroeg mezelf af hoe ik aan die koffiemok kwam want ik had niet eens een kind.

Alsof een hypnotiseur in zijn vingers knipte kwam ik weer bij mijn positieven door een zacht gekuch naast me. Isa stond in de deuropening een sigaret te roken en keek me onderzoekend aan.
"Waar denk je aan ?" vroeg ze terwijl ze me een sigaret aanbood.
Ik schudde mijn hoofd en pakte de sigaret aan.
"Heb je een vuurtje ?" vroeg ik.
Ze ging op de stoel naast me zitten en legde een aansteker op tafel. Toen ik de sigaret had aangestoken en de eerste trek uit de filter had gezogen pakte ik haar bij haar kin en draaide haar hoofd onderzoekend van links naar rechts.
"Je bent flink opgeknapt" zei ik.
"Het spijt me dat ik zo flipte, soms wordt dit me allemaal teveel en dan verlies ik mezelf" zei ik schuldbewust.
Ze glimlachte.
"Jij bent gewoon niet goed bij je hoofd kerel" zei ze terwijl ze een tik op mijn voorhoofd gaf.

Nadat we een uur op het balkon hadden gezeten besloot ik om te gaan douchen, het zou niet lang meer duren voordat Gino en Danny voor de deur stonden en dan moesten we weer aan de slag.
Ik wilde de informatie over dat boerenbedrijf zo snel mogelijk hebben zodat we een stappenplan konden ontwikkelen.

Ondanks de gemoedelijke sfeer op het balkon die ochtend vertrouwde ik Isa voor geen goud. Ze had tenslotte het lef gehad om Aaron in te lichten over het gesprek dat ik bij Danny thuis voerde terwijl ze amper twee meter van me af zat, en nu moest ze zich in het hol van de leeuw begeven om de plattegrond en financiële administratie van het bedrijf te bemachtigen.

Ik nam snel een verfrissende douche en kleedde mezelf aan. Daarna pakte ik het vuurwapen van het tafeltje, pakte de kogels uit de soepterrine en stopte ze terug in het wapen terwijl ik Isa een knipoog gaf.

Ze schudde afkeurend haar hoofd, stak een sigaret op en liep nonchalant naar me toe.

"Weet je" zei ze opgewekt terwijl ze een pirouette om me heen maakte en met haar rug tegen de koelkast ging staan.

"Als ik jou had willen vermoorden voor dat geintje van gisteren dan had ik een hele keukenla vol met vleesmessen tot mijn beschikking gehad, maar voor een zachtgekookt eitje als jou was een theelepeltje genoeg geweest" zei ze glimlachend.

Die gevatte opmerking had ik niet aan zien komen en schoot als een wilde hyena in de lach waardoor de slok koffie die ik op dat moment had genomen via mijn neusgaten op het aanrecht belandde.

Op het moment dat ik een schoon shirt aantrok werd er aangebeld. Half verstrikt in mijn shirt deed ik de deur open waarop ik meteen een mobiele telefoon in mijn handen geduwd kreeg.

"De nummers van mij en Gino staan er al in " zei Danny terwijl hij me passeerde en een klap op mijn schouder gaf.

"Ik heb vanmorgen mijn auto opgehaald" zei Gino toen hij de woonkamer binnen kwam.

Een kwartier later liepen we met zijn vieren op de parkeerplaats.

Isa stapte in de auto van Gino, het was haar taak om die papieren voor elkaar te krijgen. Nadat ik haar mijn mobiele telefoon had gegeven vertrok ze met mijn zonnebril op haar gehavende gezicht naar het huis van Aaron.

Gino en ik stapten bij Danny in de auto en reden rechtstreeks naar het huis van Kim, de jongere zus van Isa.

Toen we de straat in reden waar Kim woonde zagen we dat ze druk bezig was met de bloemen in haar voortuintje.

Toen ze me in de auto zag zitten veranderde haar geconcentreerde blik in een open en vrolijke gezichtsuitdrukking waarna ze haar tuingereedschap liet vallen en glimlachend naar het parkeerplaatsje voor haar woning liep.

"Wat doe jij nou weer hier ?" zei ze lachend terwijl ze me door het open raam drie zoenen op mijn wangen gaf.

"Waar heb je mijn zus gelaten ?" vroeg ze.

"Je zus is eventjes wat doen, ik moest je ophalen van haar. We gaan een gezellig dagje Amsterdam doen ! Verassing van je zus, zij betaald het shoppen vandaag."

Ik maakte Kim wijs dat we elkaar over een paar uurtjes zouden ontmoeten in een Grand Café op de Dam in het hart van de hoofdstad.

"Het is de bedoeling dat we jou alvast daarheen brengen moppie !" zei ik terwijl ik haar een blikje cola aanbood.

"Momentje, ik kom eraan" zei ze lachend waarna ze haar tuingereedschap oppakte en de eengezinswoning in liep. Even later kwam ze in een spijkerbroek en bruin leren jasje weer naar buiten lopen. Ze leek sprekend op haar oudere zus, alleen straalde zij onschuld en naïviteit uit.

Isa had haar altijd beschermd sinds hun ouders vijf jaar eerder omkwamen bij een brand in het bedrijf waar ze toen eigenaars van waren. Isa was toen 21 jaar en bleef samen met haar drie jaar jongere zusje alleen achter in de eengezinswoning waar Kim nu woonde. Haar zusje betekende alles voor Isa en daar maakte ik dankbaar gebruik van.

Met haar mobiele telefoon in haar hand kwam ze naar buiten lopen.

"Ze pakt niet op, haar mobiel staat uit" zei ze terwijl ze de telefoon in haar broekzak stopte en naast Gino op de achterbank van de auto ging zitten.

Nadat ze zich had voorgesteld aan mijn kameraden reden we de straat uit.

Onze eerstvolgende bestemming was het huis van een man die ik had leren kennen toen ik vastzat voor het neerschieten van anabolen Charlie. De man heette Arie en was een beroepsvisser op zee. Hij was door zijn beroep vaak weken van huis en als hij thuis was hield hij zich bezig met het verzamelen en repareren van flipperkasten. Ik had hem leren kennen in het huis van bewaring in Arnhem waar hij vastzat op verdenking van de zware mishandeling van een concurrent in de visserij. Door een bedrijfsongeval zat hij in de ziektewet. Ik kwam toevallig met hem in contact toen ik een paar weken eerder uit verveling mensen op Facebook opzocht die ik uit

het oog was verloren.
Toen we Arnhem uit waren gereden liet ik Danny stoppen bij een benzinepomp omdat ik wat te eten wilde halen.

"Loop je even mee ?" vroeg ik aan Kim. Ze knikte stapte uit de auto.
Toen we een paar saucijzenbroodjes en blikjes fris hadden afgerekend liepen we weer naar buiten waarop ik de mobiele telefoon van Danny door het raampje van de auto aanpakte.
"Ik heb nog een ander nummer van je zus, die ga ik even proberen" zei ik tegen Kim terwijl we tegen de auto aanleunden.
Nadat de telefoon van Isa een paar keer over was gegaan pakte ze op.

"Zeg het eens", zei een verveelde stem aan de andere kant van de lijn.
"Ik heb je zusje opgehaald voor dat gezellige dagje Amsterdam, ze staat nu naast me, wil je haar even spreken ?"

De stem aan de andere kant van de lijn verstomde. Even viel er een stilte van een aantal seconden tot een zacht gehijg bevestigde dat de lijn niet dood was.

"Geef haar maar" zei Isa met een ijskoude klank in haar stem."
Ik zet hem wel even op de speaker" zei ik terwijl ik de telefoon van mijn oor afhaalde en hem op de luidsprekerfunctie zette.
"Hey zus, wat een leuke verassing !" Zei Kim glimlachend.
"Hoe laat ben je in Amsterdam ?"
Opnieuw viel er een korte stilte.

Dit had Isa duidelijk niet aan zien komen en ze probeerde razendsnel te bedenken wat ze ging zeggen.

"Ik doe mijn best om er zo snel mogelijk te zijn schat, waar ben je nu dan ?" antwoordde de getergde zus.

Ik kon aan haar stem horen dat ze haar woede probeerde te onderdrukken en ook Kim voelde aan dat er iets niet goed zat.

"Ik sta nu bij een tankstation, we zijn al onderweg naar Amsterdam. Wat klink je serieus, is er iets of zo ?" antwoordde ze.

"Nee er is niets, ik heb verschrikkelijk slecht geslapen vannacht" zei Isa terwijl ze diep zuchtte.

Die zucht was voor mij het teken dat ze zich voorlopig neerlegde bij de situatie.

"Ik zie je straks oké mop ?" zei ze.

Nadat Kim afscheid van haar zus had genomen haalde ik de telefoon van de speaker af.

Nadat ik een paar meter bij de auto was weggelopen zette ik de telefoon weer aan mijn oor.

"Ben ik weer" zei ik tegen de woedende grote zus.

"Als jij haar met één vinger aanraakt dan vermoord ik je" siste Isa me toe. Haar stem trilde van woede en ze deed duidelijk haar best om niet te schreeuwen.

"Als jij die papieren regelt dan krijg jij je zusje terug" zei ik kalm. "Je begrijpt toch wel dat ik jou na dat sms contact met Aaron niet meer volledig vertrouw ?" vervolgde ik.

"Jij bent een psychopaat in hart en nieren" beet ze me toe.

"Dat sluit naadloos aan bij jouw karakter" antwoordde ik stoïcijns.

Opnieuw werd het stil aan de andere kant van de lijn. "Ik hou mezelf aan de afspraak oké, behandel haar alsjeblieft goed ze heeft hier niets mee te maken" zei ze bezorgd.

"Bel me als je die papieren hebt" antwoordde ik, en hing de telefoon op.

Kim was inmiddels weer ingestapt en hing nonchalant met een arm uit het raam. Ik nam een slok van mijn blikje fris, opende het portier van de auto en stapte in.

"Rijden" zei ik zuchtend waarna Danny het gaspedaal intrapte en de snelweg opreed.

Na een half uur reden we de wijk in waar Arie de zeevisser zou moeten wonen. De man woonde in een hoekhuis in een wijk aan de rand van Amsterdam waarvan ik het idee had dat het in het midden van de oorlog was gebouwd. De wijk was omringd door fabrieken en kraakpanden en overal stonden huizen leeg waarvan de ruiten waren ingegooid.

Sommige huizen hadden houten platen voor de ramen en deuren die tevergeefs waren geplaatst om vandalisme tegen te gaan. De aanblik deed me denken aan een reportage dat ik ooit op Discovery Channel had gezien over een onder de IRA terreur gebukte volkswijk in Ierland. De wijk deed zwart/wit aan en gaf me een treurig gevoel toen we er doorheen reden. Ik kon mezelf op dat moment heel goed voorstellen waarom Arie vrijgezel was en zoveel op zee zat.

Kim was degene die de stilte in de auto doorbrak toen we met verbazing zaten te kijken naar de puinzooi dat in de straten lag, we vroegen onszelf af of deze wijk na de oorlog wel was schoongemaakt. "Wat gaan we hier doen ?" vroeg ze.

Ik was op dat moment met Arie in gesprek omdat hij ons telefonisch door de wijk moest begeleiden dus was het Gino die antwoordde.

"We gaan even een kop koffie doen bij een kennis en daarna gaan we naar de stad" zei hij terwijl hij een sigaret opstak. "Oh oké, gezellig" zei ze verveeld terwijl ze naar buiten keek. Toen we het hoekhuis van de beroepsvisser hadden gevonden parkeerden we de auto recht tegenover zijn voortuin zodat we vanuit zijn woonkamer goed zicht hadden op het voertuig. Het was niet zo dat Danny in een gloednieuwe dure auto reed, maar we hadden het idee dat de plaatselijke bevolking van de wijk zonder moeite in staat was om de auto in recordtempo tot aan het skelet te ontleden. Wij zagen het niet zitten om te overnachten in de teringbende van Arie en zijn huiselijke ongedierte.

Het huis van Arie lag op een voor mij strategische plek. Isa wist elke kennis van mij te vinden, behalve Arie. Ik had haar nooit verteld over mijn bebaarde kennis en was er nog nooit met haar geweest. Zijn huis was de meest veilige plek waar ik Kim vast kon houden tot ik die gewilde papieren in mijn bezit had.

In de overwoekerde tuin van het hoekhuis lagen een paar oude fietsen en er stond een tuinkabouter te vissen in een vijver zonder water. De vergeelde gordijnen voor het raam van de woonkamer verraadde de hygiëne van het huis waardoor ik even twijfelde of ik aan zou bellen. Ik probeerde in rap tempo een alternatief adres te bedenken waar ik Kim schuil kon houden, maar ik kon niks bedenken en drukte dus met enige tegenzin op de deurbel. Achter de voordeur hoorde ik het geblaf van een klein hondje en niet lang daarna hoorde ik een hoestende man schreeuwen. "PATERTJE ! OPROTTEN VOOR DIE KLOTE DEUR !" schreeuwde de schorre stem. De voordeur opende zich en een muffe geur kwam me tegemoet.

In de deuropening stond een vadsige man in een tuinbroek. Op zijn half kalende hoofd rustte een mijnwerkerspetje en op zijn lip rustte een gedoofd sjekkie waarvan ik wist dat het van het merk Van Nelle was gedraaid.

"De weg is moeilijk te vinden in deze kraakbuurt of niet ?!" zei Arie, waarna hij ons gebaarde om binnen te komen.

We volgden hem de woonkamer in en gingen op het enige stukje bank zitten dat nog vrij was, want de rest was bedekt met tientallen leesboeken. Aan de andere kant van de kamer stond een vijftal flipperkasten uitnodigend te flikkeren en te pingelen en er lag een kast met zijn rug op de eettafel te wachten tot hij geopereerd ging worden.

Toen iedereen zich had voorgesteld en van een kopje koffie of glaasje fris was voorzien wenkte ik Arie dat hij even met me mee moest lopen. De zeevisser begreep de hint en hees zichzelf uit zijn luie stoel waarna hij me naar de achtertuin van de hoekwoning volgde. Ik had Arie een paar keer geholpen met een aantal zaakjes toen we samen in de gevangenis zaten en hij verzekerde mij toen dat ik hem in de toekomst altijd om een gunst mocht vragen. Het was een aardige man met het hart op de goede plek maar hij kon verschrikkelijk boos worden en belandde door dat korte lontje regelmatig op het politiebureau omdat hij weer eens een klap had uitgedeeld.

"Vertel eens jongen, waarom ben je hier ?" vroeg hij.

Hij ging op een krukje naast zijn schutting zitten en stak zijn sjekkie voor de vijfde keer op sinds hij de voordeur had geopend.

"Het is voor mij van belang dat je even een paar uur op dat meisje past dat met ons mee is gekomen" antwoordde ik.

Hij keek me fronsend aan terwijl hij met zijn duim en wijsvinger door zijn gelige ringbaard wreef.

"Heb je haar ontvoerd ?" vroeg de visser.

De directe vraag overviel me een beetje.

"Zit ze op jouw bank alsof we haar onder dwang hebben meegenomen ?" antwoordde ik terwijl ik met mijn duim naar achteren wees.

Ik pakte 300 euro uit mijn broekzak en stopte het in zijn hand.

"Help me hier even mee oké ? Dan kan jij straks een lekkere paling halen bij de visboer" zei ik lachend.

"Krijg de pleuris met je paling. Ik zie die kutvissen de hele dag door jongen, ik droom zelfs over ze" zei Arie terwijl hij een briefje van 50 van het stapeltje geld af pakte.

"Het enigste wat ik nodig heb is een fles jonge jenever" vervolgde hij waarna hij de 250 euro terug in mijn hand stopte en het briefje van 50 in zijn broekzak deed.

Toen hij de keukendeur open deed om weer naar binnen te gaan rende het keffende kuttenlikkertje naar buiten om zijn behoefte in de tuin te doen. Ik bleef even naar het beestje kijken en pakte Arie bij zijn schouder.

"Je moet me toch iets vertellen" zei ik zacht. "Waarom heb je die hond patertje genoemd ?"

Arie keek me aan en kreeg een glimlach op zijn mond.

"Ik ga elke zondag voor mijn gemoedsrust naar de kerk want ik vind er rust en het is tegenwoordig de enigste plek waar een oude man rustig na kan denken" antwoordde hij terwijl hij naar de pissende hond keek.

"Op een dag kreeg ik hem als puppy cadeau van een pater die in het klooster naast de kerk woonde en allerhande klusjes in de kerk deed. Ik had geen zin om een naam te verzinnen

voor dat beest dus heb ik hem pater genoemd" lachte Arie.
Ik kon een lach niet onderdrukken en gaf hem een klap op zijn
schouder. "Kom, we gaan naar binnen" zei ik.
Toen we terug de woonkamer in liepen zag ik Gino en Danny
achter een flipperkast staan, en zat Kim nog steeds op
dezelfde plek met haar telefoon te spelen. Ik hoopte dat haar
zus haar niet in ging lichten over de werkelijke situatie, maar
zoals ik Isa in kon schatten zou ze op zeker spelen en zeker
niet het risico nemen dat haar zus in angst kwam te zitten.
"leg die telefoon even weg Kim" zei ik ernstig.
Met een vragende blik deed ze wat ik zei.

"Wat is er ?" vroeg ze.
"Jij moet even hier blijven" zei ik.
"Er is iets wat ik plotseling op moet lossen en als je bij ons
blijft dan bestaat de kans dat jou wat overkomt en dat wil ik
niet op mijn geweten hebben. Buiten dat om kan ik dat jouw
zus niet aandoen, ik heb haar net gebeld en gezegd dat we
een paar uurtjes later in Amsterdam aankomen".
Vol ongeloof keek ze van mij naar Arie en weer terug naar mij.
"Ben jij godverdomme wel helemaal lekker ? zei ze.
"Je denkt toch zeker niet dat ik in dit hol ga zitten wachten tot
jullie zijn uitgespeeld ? Ik wil nu meteen naar mijn zus
gebracht worden of in ieder geval naar huis" zei ze boos.
Ik had gehoopt op een ander antwoord maar helaas.

Ik pakte een pen van de rommelige salontafel en schreef het
telefoonnummer van Danny op een papiertje en gaf het aan
Arie. Zonder wat te zeggen liep ik daarna naar Kim en griste
haar mobiele telefoon uit haar hand en stopte het in mijn
jaszak.

"Wat doe je ! Geef die fucking telefoon terug !" schreeuwde ze terwijl ze opstond.

Ik deed een paar stappen naar achteren en haalde mijn vuurwapen tevoorschijn waarna Kim zich geschrokken terug op de bank liet ploffen.

"Jij weet veel te weinig van mij Kim" zei ik rustig.

"Als jij ook maar een stap uit dit huis zet dan zal Arie mij of Danny bellen en dan schiet ik jouw grote zus een paar kogels in haar benen, begrijp je dat ?" vervolgde ik.

Compleet sprakeloos knikte Kim rustig terwijl ze haar tranen probeerde te bedwingen. Ik domineerde de situatie op dat moment door beide zusjes in angst te laten zitten. Hun liefde voor elkaar was hun zwakte en daar maakte ik gebruik van. Medeleven en inlevingsvermogen waren in die tijd geen sterke eigenschappen van me.

Arie was duidelijk geschrokken van de plotselinge dreiging in zijn woonkamer en ging quasi nonchalant werken aan zijn kapotte flipperkast.

"Zorg ervoor dat ze jouw huis niet verlaat en geen alarm slaat kerel want dat accepteer ik niet begrepen ?" beet ik Arie toe. De man knikte zwijgzaam zonder me aan te kijken en stopte een schroevendraaier tussen het mechanisme van de kast.

"Laten we gaan" hoorde ik Gino achter me zeggen. Ik draaide me om en zag Danny een knikkende beweging naar de deur geven. "Ik denk dat het duidelijk is" zei hij.

Toen we weer in de auto zaten bleef de situatie in het huis me bezighouden. Ik had mezelf voorgenomen om Kim zoveel mogelijk buiten al dat gezeik te houden, maar helaas liep dat anders. Doordat ik Kim op een voor Isa onbekende plek had ondergebracht had ik nu een troef in handen en was het afwachten tot de grote zus mij de papieren ging geven waarmee ik de overval op de boerderij kon plannen.

Ik had liever gehad dat Kim niets van de hele situatie mee zou krijgen, al kon ik van tevoren weten dat ze moeite ging krijgen met Arie en de plek waar hij leefde.

We besloten om de binnenstad van Amsterdam in te gaan en te wachten tot Isa met nieuws kwam. Zoals iedereen weet staat de stad bekend om zijn vele toeristen en gezellige kroegen, dus konden we ons prima vermaken in de tussentijd.

Bij een bekende van Gino regelden we tien gram speed en mixten dat met paracetamol tot we 25 gram zeer zwakke speed in ons bezit hadden. Dat verpakten we in sealtjes van een gram per stuk en gingen daarna de straat op om het als cocaïne aan toeristen te verkopen. De plaatselijke straatprijs van cocaïne lag tussen de 40 en 50 euro per gram. Wij verkochten het voor 35 euro per gram en waren het dus binnen korte tijd kwijt. 25 sealtjes van 35 euro per stuk, tel uit je winst. De tien gram speed kostte ons nog geen 80 euro om in te kopen. Die dag dronken we dus zo goed als gratis.

We verdeelden de opbrengsten en reden daarna naar een kroeg in Amsterdam Oost waar we op de kosten van de toeristen een paar biertjes bij de kastelein bestelden.

Toen we daar een uurtje zaten werd ik gebeld door Isa.

"Ik wil Kim spreken" beval ze toen ik de telefoon oppakte.

De toon in haar stem was zowel dreigend als onrustig.

"Ik wil eerst die papieren hebben Isa, ik vertrouw momenteel niemand." Antwoordde ik.

"GEEF ME GODVERDOMME MIJN ZUSJE AAN DE TELEFOON !!" krijste ze.

Ze was buiten zinnen van woede en was bijna niet in staat om een normaal woord uit te spreken. Als reactie op die uitbarsting hing ik de telefoon op.

Nadat ik het geluid van de telefoon op stil had gezet legde ik het op tafel en bestelde nog eens drie biertjes. Na een kwartiertje zag ik dat ik twaalf oproepen had gemist en besloot het geluid weer aan te zetten.

Vrijwel onmiddellijk werd ik opnieuw door de grote boze zus gebeld.

"Is alles goed met haar ?" vroeg ze toen ik had opgenomen. Haar stem trilde en aan het herhaaldelijk ophalen van haar neus kon ik horen dat ze had gehuild.

"Heb je die papieren Isa ?" gaf ik als antwoord.

"Aaron zit in Duitsland en komt pas over een paar dagen terug, ik heb er een halve dag over gedaan om er achter te komen waar hij zat. Hij pakte zijn telefoon niet op dus heb ik alles uit de kast getrokken om te weten te komen waar hij uithangt maar zoals je weet praten zijn vriendjes niet zo snel" antwoordde ze met horten en stoten.

Het was inmiddels aan het eind van de middag dus moest ik keuzes maken. Ik kon Kim niet de hele nacht bij Arie laten zitten want dat zou verkeerd uitpakken omdat mensen rare keuzes maken als een stressvolle situatie te lang duurt.

"We moeten op een andere manier dat huis in. Alles gaat goed met haar Isa, maak je niet druk oké ? Ik bel je over tien minuten terug" zei ik, waarna ik ophing.

Ik zag mijn hele plannetje in duigen vallen, alle moeite van de dag was voor niets geweest. Ik verweet mezelf dat ik die ochtend niet wat beters had verzonnen om Isa onder druk te zetten.

Ik had niet verwacht dat Aaron juist die dag in het buitenland zou zitten, dus kwam het vanaf dat moment aan op mijn improvisatievermogen.

Ik wist niet tot in hoeverre Isa de waarheid sprak. Misschien probeerde ze, in samenwerking met Aaron, mij op een manier in een hinderlaag te lokken.

Ik hield met alle scenario's rekening, dus besloot ik om Isa te ontmoeten terwijl Danny en Gino bij Kim bleven.

Niet lang na het telefoontje belde ik aan bij Arie. Toen de deur openging kwam dezelfde muffe geur me tegemoet als eerder die dag. Ik wist vanaf dat moment zeker dat het de laatste keer van mijn leven zou zijn dat ik daar had aangebeld.

In de woonkamer zag ik Kim achter een flipperkast staan. Arie ging aan de eet/operatietafel zitten en Gino en Danny bleven in de deuropening staan.

"Zo ben je daar eindelijk ?" zei Kim zonder op te kijken.

Ze was duidelijk chagrijnig, wat ik niet vreemd vond natuurlijk.

"Kom, we gaan weer terug naar Arnhem" zei ik terwijl ik een sigaret op stak.

"Doei Arie" zei ze terwijl ze van de flipperkast wegliep en langs de man in de richting van de woonkamerdeur liep. Toen ze me passeerde pakte ze me bij mijn schouder en fluisterde wat in mijn oor.

"Ik ben nog nooit zo erg teleurgesteld geweest, ik vond je echt een toffe gozer" zei ze zacht. Ze gaf me een schouderklopje en liep door de voordeur naar buiten.

De sfeer op de terugweg was beladen, ik zat zwijgzaam naast Kim die op haar beurt weer zwijgzaam uit het raampje keek.

Gino en Danny waren in discussie over welk soort bier uit welk land het lekkerste was.

Het enigste wat nu nog mogelijk was om die papieren in handen te krijgen was inbreken in het huis van Aaron. Ik had geen zin om te wachten tot die kale een keertje terug naar Nederland kwam.

Ik zat alleen met een groot probleem. Geen van ons drieën had ervaring met inbreken en we wisten dat zijn huis goed beveiligd was door middel van een alarmsysteem dat direct aan een meldkamer was gekoppeld.

Ook had hij een paar honden in kennels in zijn tuin en stond zijn huis tot overmaat van ramp recht tegenover een taxicentrale.

Volgens Isa bewaarde Aaron al zijn administratie dat voor de buitenwereld verborgen moest blijven in een holle ruimte van een gigantisch Grieks standbeeld op zijn slaapkamer. Ze had eerder gezien dat hij daar valse huurcontracten in stopte nadat ze na een avond stappen met hem in bed was beland. Aan de ene kant wilde ik gewoon zijn tuindeur met grof geweld openbreken, naar binnen rennen en zo snel mogelijk met de informatie over de boerderij naar buiten komen. Maar dan zou Aaron door het beveiligingsbedrijf geïnformeerd worden over de kraak en zou hij die papieren meteen missen. Dan was de kans dat wij die boerderij konden pakken zo goed als verkeken, want hij zou meteen maatregelen treffen. Als ik Isa moest geloven duurde het nog minimaal vijf dagen voordat hij terugkwam, dus wilde ik tijdens zijn afwezigheid zijn plan stelen en die boerderij overvallen voordat hij ook maar iets in de gaten had. Toen ik in gedachten was verzonken realiseerde ik me dat ik Isa had beloofd om binnen tien minuten terug te bellen, dus pakte ik de telefoon en drukte op de herhalingstoets.

"Tien minuten hé ?" klonk er verwijtend aan de andere kant.
"Ik zie jou over een half uurtje voor de deur van mijn flat"
antwoordde ik.
Twintig minuten later liet ik me op loopafstand afzetten bij de
flat waar ik woonde.
"Gaan jullie maar wat rondjes rijden met Kim totdat ik één van
jullie heb gebeld oké ?" zei ik tegen Gino.
"We brengen je zo naar huis Kim, ik moet even met je zus
praten" vervolgde ik.
"Doe wat je moet doen sukkel, en laat me daarna gaan"
antwoordde ze zonder me een blik waardig te gunnen.
Die woorden waren voor Danny het teken om te vertrekken
waarna de auto in het donker van de avond verdween.

Toen ik naar de flat liep keek ik toch wat zenuwachtig om me
heen, Isa was onberekenbaar en wat ik had geflikt was niet
iets wat ze me in dank af zou nemen. Ze kon makkelijk aan
wapens komen en had genoeg vrienden waar ik rekening mee
moest houden dus voor de zekerheid laadde ik mijn wapen
door en stopte het met mijn vinger om de trekker in mijn
jaszak. Toen ik de centrale deur van de flat bereikte zag ik op
wat hangjongeren na geen spoor van haar.
Ik keek op mijn horloge en zag dat ik iets te laat was, maar
ondanks die vertraging was ze niet op de afgesproken plek.
Ik probeerde haar telefonisch te bereiken maar kreeg geen
gehoor dus besloot ik om de lift naar mijn huis te pakken en
daar te wachten.
Op het moment dat ik het appartement binnen ging wist ik
meteen dat ik niet alleen in de woning was. Toen ik de gang in
liep rook ik een geur die ik eerder had geroken.
Ik had niet de tijd om daarover na te denken want toen ik de

voordeur achter me had dichtgetrokken voelde ik de koude loop van een vuurwapen op mijn achterhoofd.

"Geef me je wapen kerel" zei een zware mannenstem zachtjes.

Ik haalde mijn vuurwapen uit mijn jaszak en gaf het aan de man.

"Loop nu maar rustig naar de woonkamer oké ?" vervolgde hij. Mijn brein sloeg bijna op tilt terwijl ik een uitweg probeerde te bedenken, ik was ongewapend en de enigste wegen naar buiten waren de voordeur en het balkon.

De eerste optie was geen optie, en de tweede optie leek me geen goed plan zolang ik niet kon vliegen, dus die viel al snel af. Op het moment dat ik de donkere woonkamer in liep zag ik een schim op de bank zitten. Door het maanlicht dat naar binnen straalde deed het tafereel me even denken aan een scene uit een oude gangsterfilm.

Op het moment dat ik de schim probeerde te herkennen kreeg ik een klap met het vuurwapen op de zijkant van mijn hoofd waarna ik hardhandig in mijn luie stoel werd geduwd.

Ik voelde warme straaltjes vloeistof langs mijn wang naar beneden druipen, mijn hoofd bloedde.

De man die mij hardhandig in de stoel had gegooid deed het grote licht in de woonkamer aan. Het donker loste op en maakte plaats voor een verhelderend licht dat de situatie meteen duidelijker maakte.

Isa zat op de bank.

Naast haar zat een slanke man van midden veertig met een Adolf Hitler kapsel, met bijbehorend brilletje. Toen ik hem zo zag zitten kreeg ik spijt dat ik geen actie had ondernomen toen hij achter me stond want fysiek gezien kon ik zijn magere gestalte wel aan.

Ik schatte hem niet zwaarder dan een kilo of zestig en ik woog zeker twintig kilo zwaarder, maar voor het overhalen van een trekker heeft een mens niet veel kracht nodig dus hield ik het bij die gedachte.

"Waar is mijn zusje ?" waren de eerste woorden die de getergde vrouw uitsprak.

"Jij krijgt steeds meer vijanden" vervolgde ze terwijl ze met een trillende hand naar me wees.

"Sinds wanneer heb jij parkinson ?" vroeg ik met een glimlach.

Als antwoord richtte de magere nazi zijn vuurwapen op me waardoor mijn glimlach als sneeuw voor de zon verdween.

"Kim zit bij die twee gasten in de auto, ik vertrouw jou niet meer na dat sms contact met Aaron dus speel ik op safe Isa. Het interesseert me geen reet dat je die magere Adolf hebt meegenomen" antwoordde ik geïrriteerd.

"Zijn naam is Gert en hij is mijn oom, dus ook de oom van Kim. Jij moet even normaal gaan doen patsertje.

Gert gaat ervoor zorgen dat wij die papieren krijgen als jij mijn zusje naar huis brengt. Als je dit nog een keer flikt dan schiet hij je kapot begrijp je dat ?" zei ze met haar kiezen op elkaar.

Als antwoord belde ik Gino en gaf hem de opdracht om Kim naar huis te brengen en haar het nummer van Isa te geven.

"Laat Kim bellen als ze thuis is" zei ik tegen hem.

Een kwartier later kreeg Isa het telefoontje van haar zusje.

Gert Hitler stond daarna op en liep de voordeur uit.

Nadat de nazi lookalike was vertrokken bleef Isa nog een minuut op de bank naar me kijken zonder wat te zeggen.

Ik wist mezelf even geen houding te geven en liep naar de keuken om een biertje uit de koelkast te pakken.

"Ik bel je als ik mijn oom heb gesproken" hoorde ik achter me terwijl ik in een keukenkastje zocht naar een theedoek.

Op het moment dat ik antwoord wilde geven gooide Isa een zeiknat washandje tegen mijn hoofd.

"Het zou me verbazen als jij over een jaar nog leeft" zei ze hoofdschuddend. Nadat ze dat had gezegd pakte ze haar jas van de rugleuning van de bank en vertrok.

Toen ze weg was drukte ik het washandje tegen de hoofdwond en liep naar de douche. Het matras waar Isa de nacht ervoor op had geslapen lag er nog en ik zag haar opgedroogde bloedspetters in de wasbak liggen, blijkbaar had ze die avond een bloedneus gehad.

Ik pakte de randen van de wasbak beet en bekeek mezelf in de spiegel. Wie ben ik eigenlijk ? Hoelang ga ik dit volhouden, en is dit het leven wat ik wil ? Er waren momenten dat ik het liefst weg wilde vluchten uit dat eenzame bestaan en een plek kon creëren waar er op mij werd gewacht. Waar mensen van me hielden om wie ik was, en waar ik niet paranoïde hoefde te zijn of na hoefde te denken over gevaar.

Ik besloot om bij te komen op het balkon en na te denken over het leven en te fantaseren over een ander levenspad. Nadat ik een sigaret op had gestoken leunde ik met mijn ellebogen op de balkonrand en keek naar beneden. De diepte was aanlokkelijk, hypnotiserend zelfs. Het nodigde me uit om het te bezoeken, ik wilde het van dichtbij bekijken.

Maar toegeven aan die verleiding zou betekenen dat ik mezelf alle kansen afnam en dat was simpelweg geen optie. Ik besloot om Dennis, mijn jongere broer te bellen. Hij was de enige waarmee ik over tekenfilms van vroeger of andere simpele dingen van het leven kon praten.

Mijn broertje wist weinig over mijn leven en dat was misschien maar beter ook.

Nadat ik een half uur met hem aan de telefoon had gehangen voelde ik me minder neerslachtig dan daarvoor en kon ik weer positief denken. Ik maakte fout op fout en trok daar mensen in mee, daar was ik me van bewust. Maar ik wist dat te rechtvaardigen door mezelf voor te houden dat ik deze fouten kon gebruiken als lessen voor toekomstige keuzes.

Ik besloot opnieuw om uit de criminaliteit te stappen en een compleet nieuw leven op te bouwen. Maar om dat te bereiken had ik geld nodig. En wat was de snelste manier om uit de criminaliteit te stappen ? Precies, snel geld verdienen. De draaikolk waar ik mezelf in bevond zoog me steeds verder in een leven waar ik niet in wilde zitten, en elke keer als ik omhoog probeerde te zwemmen werd ik dieper naar de bodem gezogen. Achteraf gezien is het natuurlijk onlogisch dat ik via het criminele pad een weg naar een ander leven kon vinden, maar op dat moment vond ik het de meest logische stap.

19

Twee dagen later zat ik met een kennis in de kroeg toen ik werd gebeld door Isa. Ze vertelde dat Gert de benodigde papieren uit het huis van Aaron had gehaald en die bij haar had afgegeven.

Ik was erg nieuwsgierig hoe hij dat voor elkaar had gekregen, want het huis was tenslotte goed beveiligd.

Aaron woonde twee onder een kap. De oom van Isa had simpelweg bij het slechter beveiligde huis van de buren ingebroken. Daarna was hij via de kruipruimte van de buren naar de kruipruimte van Aaron zijn huis geslopen en had zichzelf op die manier toegang verschaft tot zijn woning.

Zo werden er geen ramen of deuren geforceerd waardoor het alarm af kon gaan.

"Je moet hier snel naartoe komen want dit wil je wel zien" zei ze voordat ze ophing.

Nog geen uur later stond ik in de woonkamer van Isa. Ik was er nog nooit geweest en verbaasde me over de huiselijke sfeer die er hing. Het feit dat ze me bij haar thuis uitnodigde was eigenlijk een manier om te zeggen dat ik haar kon vertrouwen en dat ze dat andersom ook verwachtte.

De afgelopen dagen waren hectisch geweest en mijn paranoïde gedrag had niet bijgedragen aan een soepele omgang met de brunette.

"Ik denk dat wij nu beiden wel weten wat we aan elkaar hebben ?" vroeg ze terwijl ze een rode sporttas op de eettafel gooide.

"De inhoud moet nog wel betaald worden" zei ze.

Zonder antwoord te geven opende ik de sporttas en bekeek de inhoud. Glimlachend verlegde ik mijn blik van de sporttas naar Isa. Die gaf me een knipoog terwijl ze een trekje van haar sigaret nam en plaats nam op één van de eettafelstoelen.

"Vanaf nu vertrouwen we elkaar oké ?" vervolgde ze waarna ze een ordner op tafel legde en het mijn kant opschoof.

"Zoals beloofd ben ik mijn deel van de afspraak nagekomen."

Ik bekeek haar terwijl ze naar de keuken liep om een glas cola in te schenken.

Wat ik haar de afgelopen dagen had aangedaan met mijn paranoïde en onzekere gedrag was verre van rechtvaardig geweest.

"Het spijt me van de afgelopen dagen Isa, ik ben niet fair geweest" zei ik.

Zonder antwoord te geven zette ze haar glas cola op tafel en stopte de ordner in de sporttas.

"Weet je, dit heb ik altijd al een keer willen doen" antwoordde ze terwijl ze naar de voordeur wees. Vragend keek ik naar de voordeur en weer terug naar haar waarna ze de cola in mijn gezicht gooide.

Lachend sprong ze op van haar stoel.

"Sukkel !" schreeuwde ze terwijl ze gehurkt op de grond dubbel lag van het lachen.

"Wat ben jij een kutwijf zeg" zei ik met een beschaamde glimlach en pakte een theedoek waarmee ik mijn gezicht droogdepte.

Nadat ik een uur met haar had gesproken pakte ik de sporttas en wilde vertrekken. Maar bij de voordeur trok ze me aan mijn arm terug de gang in en duwde me tegen de muur waardoor een fotolijstje van de muur af viel.

Ze drukte zichzelf tegen me aan en kuste me. Ze rook zoet en fris tegelijk, dezelfde geur die ik eerder in mijn huis rook toen ik verrast werd door haar oom Gert Hitler.

"Het komt allemaal wel goed" fluisterde ze zachtjes in mijn oor waarna ze zachtjes in mijn oorlel beet.

Opnieuw kuste ze me terwijl ze het groeiende lid in mijn broek masseerde.

Ik kreeg het warm en kuste haar nek. Ze sidderde en hijgde onregelmatig toen ik de harde tepels masseerde die door haar topje priemden.

"Ik ben bloedgeil, kom" zei ze en trok me mee naar haar slaapkamer. Nadat ik op bed lag trok ze mijn spijkerbroek en mijn Donald Duck boxershort uit waarna ze me zachtjes en intens begon te zuigen.

"Mmmm" kreunde ze toen ze haar mond vol overgave over mijn penis heen liet zakken, ik sloot mijn ogen en genoot van het moment.

Verleidelijk trok ze haar broek en slipje uit en ging bovenop me zitten waarna ze ritmisch met haar heupen bewoog waardoor het leek alsof haar borsten een dansje deden. Haar donkerbruine haar verborg haar gezicht voor de helft en ik kon nog net zien hoe ze haar lippen aflikte toen ze zich naar achteren boog en steun zocht op mijn knieën.

Ze bewoog als een volleerd limbodanseres op mijn penis en niet veel later zag ik haar kont ritmisch trillen op de bewegingen die ik maakte toen ik haar op zijn hondjes neukte. Terwijl ze haar gezicht kreunend in een hoofdkussen begroef pakte ik mijn mobiele telefoon en sms'te Gino. **We kunnen aan het werk, ik zie jullie morgen om 11 uur.**

Nadat ik de telefoon had weggelegd draaide ik geile Isa op haar rug. Haar half gesloten ogen keken me verlangend aan terwijl ze op haar onderlip beet. Gewillig bleef ze haar heupen bewegen terwijl ze haar borsten masseerde, als het aan haar lag gingen we nog even door.

Maar ik stapte uit bed en pakte een euromunt van 20 cent uit mijn broekzak die ik op haar bezwete borsten gooide waarna het bleef plakken.

"Dit heb ik altijd al een keer willen doen" zei ik lachend en pakte mijn kleding waarna ik de slaapkamer uitrende gevolgd door een zwarte pump maat 37 en een bus haarlak dat naast mijn hoofd afketste op de deurpost.

Met pijn in mijn buik van het lachen verliet ik de woning van Isa en pakte de eerstvolgende bus naar huis. Daar aangekomen ging ik in bed liggen en kwam heerlijk tot rust tijdens een aflevering van Baantjer op de televisie. Het duurde niet lang voordat ik wegzakte in een diepe nachtmerrie.

Midden in de nacht werd ik badend in het zweet wakker, pure angst domineerde mijn zintuigen in de eerste seconden dat mijn ogen open waren. Die klote nachtmerries, ik kon er maar niet aan wennen. Nadat ik een glas melk in de keuken had gedronken en een sigaret in de donkere stille woonkamer had gerookt ging ik weer naar bed, waarna ik wederom snel in slaap viel.

De volgende ochtend werd ik gewekt door het geschetter van een paar eksters die op de rand van het balkon zaten. Ik trok een trainingsbroek aan en liep naar de woonkamer. Het was half december en verrassend warm voor de tijd van het jaar, dus zette ik de balkondeur open om wat frisse lucht binnen te laten. Nadat ik mijn laptop had gepakt en een sweatshirt had aangetrokken ging ik in de deuropening op de grond zitten. De koelte die met vlagen naar binnen kwam voelde heerlijk aan en zorgde ervoor dat ik energiek wakker werd na een onrustige nacht. Toen ik mijn mail nakeek zag ik dat er een vreemd bericht tussen zat. Ik opende het en de verkwikkende koelte die ik voelde verdween waarna ik het verschrikkelijk heet kreeg. Ik begon te lezen.

Je gaat betalen

Je gaat betalen

Je gaat betalen

Je gaat betalen

En zo ging dat nog even door. Ik zag dat er een filmpje was bijgevoegd.
Even twijfelde ik of ik het ging openen, maar mijn nieuwsgierigheid won het van de twijfel waardoor ik toch besloot om het af te spelen.

Wat ik toen zag deed letterlijk de haren op mijn rug rijzen.
Ik begon te trillen en mijn keel werd binnen seconden zo droog als schuurpapier. Als ik een spiegel voor me had gehad dan was mijn gezicht ongetwijfeld lijkbleek geweest.
Het filmpje was vrij donker maar ik herkende de omgeving, ik herkende de persoon die er de hoofdrol in speelde en ik herkende de eettafel die door het maanlicht werd verlicht. Ik was het zelf. Ik zag mezelf een sigaret roken op de leuning van de bank terwijl ik naar buiten keek. Ik zag mezelf opstaan en naar mijn slaapkamer lopen.. Dat filmpje was die afgelopen nacht opgenomen !
Vlak nadat het filmpje was afgelopen rende ik verzadigd van angst naar de keuken, pakte een keukenmes en rende naar

de hoek van waar het filmpje was opgenomen.

Er stond een grote kokospalm in de hoek die ik had aangeschaft op een braderie. Ik doorzocht de palm en de muur erachter maar kon geen camera of ander spionagemateriaal vinden dus besloot ik om de rest van het huis te doorzoeken.

Op het moment dat ik door de woonkamer liep om aan mijn speurtocht te beginnen passeerde ik de laptop die ik op de leuning van de bank had laten liggen en zag dat er opnieuw een filmpje werd afgespeeld.

Ik trok de laptop van de bank en stond midden in de woonkamer te kijken naar de inhoud van de opname. Wankelend keek ik verbijsterend naar het tafereel op het beeldscherm.

Ik sliep.

De camera kwam dichterbij mijn gezicht, de filmer was op een paar centimeter afstand en ik had niets in de gaten. Ik zag dat er een schroevendraaier op mijn voorhoofd werd gelegd en daarna werd het beeld zwart.

Seconden stond ik midden in de woonkamer te kijken naar het zwarte beeld, ik kon niet geloven wat mij net was overkomen. De stilte om me heen was niet langer rustgevend, maar beangstigend.

Ik schrok me kapot toen de deurbel ging waardoor ik de laptop uit mijn handen liet vallen. Ik rende naar de slaapkamer, pakte mijn vuurwapen en rende naar de voordeur. Toen ik door het spiekgaatje in de deur keek zag ik dat Gino en Danny voor de deur stonden. Ik veegde het zweet van mijn voorhoofd af en liet ze binnen.

"Tering ouwe ! Wat zie jij er verrot uit zeg, heb je de hele nacht aan de drugs gezeten of zo !" waren de eerste woorden van Danny toen hij over de drempel stapte.

"Ik heb koffie nodig" antwoordde ik, en liep achter hem aan de woonkamer in.

Nadat ik de laptop op de bank had gelegd en koffie had ingeschonken gooide ik de rode sporttas op de eettafel en ging zitten op één van de bijbehorende stoelen.
Ik besloot om niets te zeggen over het filmpje, ik wilde eerst uitzoeken wie er in mijn huis was geweest voordat ik de twee in ging lichten.
Buiten dat om hadden we maar weinig tijd om de overval op de boerderij te plannen, dus dat was prioriteit.
Ik opende de sporttas en legde de inhoud op tafel.
Drie donkerblauwe trainingspakken, bivakmutsen, tie-wraps, duct tape, een dubbelloops jachtgeweer met afgezaagde loop, een Walther P22 met geluiddemper, twee doosjes munitie en een busje traangas lagen vijf minuten later op tafel.
Ook zat er een set walkie talkies in de tas en zelfs de AA batterijen die erin moesten was Isa niet vergeten.
Daarna opende ik de ordner en pakte de papieren eruit.

Werkroosters, personeelsbestanden, bouwtekeningen en de complete financiële administratie van een jaar was beschikbaar voor ons. Het bedrijf maakte flinke winsten en als de tip van Isa waar was dan zouden we flink wat geld overhouden aan die klus. Volgens Isa lag de omzet in een manshoge kluis dat gewoon in het zicht stond in het kantoor van het bedrijf. Dankzij de werkroosters wisten we hoeveel werknemers er op welke tijden werkten en wanneer ze pauze hadden. Het was belangrijk dat de eigenaar aanwezig zou zijn want het was aannemelijk dat hij toegang kon krijgen tot de kluis. Inclusief de eigenaar waren er zeven mensen werkzaam op de boerderij, behalve op zondag want dan bestond het personeel uit drie koppen.

We hadden alle informatie die we nodig hadden dus konden we beginnen met de voorbereidingen. Na urenlang discussiëren en bekvechten waren we het eens over de taakverdeling en de vluchtroute. De volgende stap was het verkennen van die route want we wilden niet op onze vlucht verrast worden door een weg in aanbouw of een doodlopende straat. Ook wilden we weten waar de dichtstbijzijnde politiebureaus zaten en hoelang we erover deden om de snelweg te bereiken. De vlucht was minstens net zo belangrijk als de daadwerkelijke overval.

Het leek ons niet verstandig om een auto te gebruiken om de vluchtroute te verkennen dat op naam stond van Danny of Gino, dus gebruikten we de auto van een kennis van Isa. De volgende dag, vroeg in de ochtend, reden we naar de boerderij in Rheden en verkenden de omgeving. De boerderij lag op een doorgaande landweg omringd door weilanden en maïsvelden.

In een maïsveld dat recht tegenover de boerderij lag hebben Gino en ik de volgende dag op een ijskoude dinsdagochtend een paar uur gelegen om te bekijken op welke tijden en op welke manier het personeel aankwam.

"Jij hebt genoeg camouflage" zei rooie Danny lachend tegen de donkere Surinamer toen we in discussie waren over het observeren.

Enige beschutting op dat veld hadden we niet omdat maïs niet groeit in de winter en wij het moesten doen met een greppel aan de rand van het veld.

Binnen twee dagen hadden we voor ons gevoel genoeg informatie om een draaiboek te kunnen maken. Het enigste wat we nog moesten regelen was vervoer dus stalen Gino en Danny diezelfde avond nog twee auto's die ze voorzagen van andere nummerplaten. We kozen ervoor om de overval te plegen op de eerstvolgende donderdagochtend, de woensdag van die week gebruikten we om onszelf psychologisch voor te bereiden. Ik heb die dag op de bank gelegen en films gekeken onder het genot van een zak chips en wat games gespeeld op een spelcomputer.

Die avond ging ik zenuwachtig maar gemotiveerd naar bed. Op zulke momenten wenste ik dat ik in de toekomst kon kijken, hoe zou mijn leven er over 24 uur uitzien ?!
In gedachten zakte ik weg in een diepe slaap en voor het eerst in maanden had ik die nacht geen last van nachtmerries.

Toen de wekker die volgende ochtend om 05:00 ging was mijn hoofd in de eerste seconden als een blanco blad, mijn bewustzijn moest nog worden opgestart. Dat vond ik altijd heerlijk. Angst, verdriet, woede, al die emoties bestaan in dat korte moment niet en leef je in een toestand waarin alles klopt en er geen problemen zijn.
Maar helaas start de harde schijf zich razendsnel op en zit je binnen luttele seconden weer in de realiteit en al haar strubbelingen. Elke dag als ik wakker werd wenste ik stiekem een andere realiteit. Eentje die stressloos was en genoeg toekomstperspectief had. Als die overval goed ging dan zou ik naar de andere kant van Nederland verhuizen en een anoniem en rustig bestaan gaan leiden, zo nam ik mezelf voor.

Ik stapte uit bed en liet mezelf op mijn handen vallen, ik vond het altijd heerlijk om een sessie push ups te doen voordat ik aan mijn dag begon.

Nadat ik een koele douche had genomen trok ik een lichtblauwe pantalon aan, gecombineerd met een zwarte nette blouse en een bordeauxrode stropdas.

Daarna poetste ik mijn tanden met een tandpasta waarvan ik de smaak verschrikkelijk vond en mezelf elke ochtend voornam om een ander merk te kopen.

Ik stopte de wapens en de spullen in een rugtas en trok daarna een colbert aan dat qua kleur aansloot bij die van de pantalon. Even had ik de behoefte om een geurtje op te doen maar dat deed ik toch maar niet omdat mijn beoogde slachtoffers van die dag meer zintuigen zouden hebben dan alleen zicht en ik wilde niets aan het toeval overlaten wat eventuele herkenning betreft.

Het was inmiddels 05:50. Ik had een half uur later met mijn compagnons afgesproken om de laatste dingen te bespreken. Gezonde zenuwen stroomden door mijn systeem en ik voelde me ondanks het vroege tijdstip alert en uitgeslapen.

Ik nam de wapens weer uit de tas en deed zwarte leren handschoenen aan waarna ik alle vingerafdrukken van de wapens veegde en de magazijnen vulde met schoongepoetste patronen en kogels.

Iemand had me ooit verteld dat als je vlucht voor de politie en jouw wapen zonder vingerafdrukken vlakbij jou op grond wordt gevonden, het niet te bewijzen valt dat het wapen van jou is. Het had er in theorie namelijk al eerder kunnen liggen. Buiten dat om is het natuurlijk onverstandig om een handtekening van jezelf op een wapen achter te laten, in welke situatie dan ook. Nadat ik alles had schoongeveegd stopte ik de wapens terug in de rugtas en drukte de televisie aan. Het ontbijtnieuws was nog niet begonnen dus keek ik doelloos naar een belprogramma waarin mensen voor een paar euro per minuut konden bellen voor spiritueel advies. Pure oplichting naar mijn idee.

Niet veel later keek ik op mijn horloge en zag dat het tijd was om te vertrekken. Danny en Gino stonden beneden op de parkeerplaats te wachten.

Toen ik in de lift stond dacht ik even aan de mensen die we gingen overvallen, zij zouden op hetzelfde moment nietsvermoedend hun vrouw of kind een kus geven en op weg gaan naar hun werk.

In gedachten liep ik de flat uit en zag Danny in een zwarte smoking naast de auto staan. Glimlachend trok ik zijn stropdas recht en gaf hem zachtjes een tik op zijn wang, "kom we gaan" zei ik.

Ik ging achter Gino zitten en klopte hem op zijn schouder, ook hij was strak in het pak. Hij reageerde door een knikje met zijn hoofd te geven. Nadat Danny was ingestapt reden we naar de eerste locatie van de operatie, de woonwijk waar de gestolen auto's stonden.

We hadden beide auto's geparkeerd op de parkeerplaats van een voetbalvereniging in Arnhem Zuid. Nadat Danny zijn auto in de nabijgelegen woonwijk had geparkeerd liepen we ongeveer tien minuten voordat we bij de auto's aankwamen die we hadden geleend.

Nadat we onze handschoenen hadden aangetrokken konden we instappen en vertrekken. Danny stapte in een rode Ford Escort en ik stapte bij Gino in een donkerblauwe Renault

Laguna waarvan het duidelijk te zien was dat de eigenaar er erg trots op was. In het dashboardkastje vond ik folders en kaarten van Renault meetings en het interieur was beter onderhouden dan het tapijt in paleis Soestdijk.

We reden rustig naar het nabijgelegen Velp waar we de Ford Escort parkeerden op een parkeerplaats langs de A348. Die plek stond in de omgeving bekend als homo ontmoetingsplaats. Die plaats hadden wij bewust uitgezocht omdat eventuele getuigen op die plek niet snel naar de politie zouden stappen omdat ze niet in verband gebracht wilden worden met die parkeerplaats.

Nadat Danny in de Laguna was gestapt reden we naar Rheden waar we de auto op een paar kilometer van ons doel parkeerden in de publieke ondergrondse parkeergarage van een warenhuis in het centrum van het dorp.

Nadat Gino de motor van de auto had afgezet genoten we even van de plotselinge stilte. Het was nog vroeg en de parkeergarage was behalve ons compleet verlaten. Seconden bleef het stil op het onregelmatige getik van de warme motor na. Na een tijdje was het Danny die op de achterbank de stilte doorbrak.

"hey jongens, moeten jullie eens luisteren. Ik moet wat vertellen." Zei hij zachtjes.

Synchroon draaiden Gino en ik nieuwsgierig onze hoofden opzij om hem aan te kunnen kijken. Grijnzend keek hij van Gino naar mij waarna hij opzij boog en een gigantische scheet liet. Kort daarna vulde de ruimte zich met het stinkende gas dat kort daarvoor nog in zijn lichaam had gezeten.

Kokhalzend stapten Gino en ik uit de auto terwijl ik mijn stropdas gebruikte in een poging om de geur de toegang tot mijn neus te blokkeren.

Nadat ik uit de auto was gestapt en de deur had dichtgesmeten liet ik de stropdas weer los en zag ik Danny krom van het lachen op de achterbank van de auto liggen. "Die gozer verdient echt TBS ouwe" zei Gino glimlachend.

Nadat we even later het hele plan nog een keer hadden doorgenomen trokken we de trainingspakken over onze kostuums aan en zetten we de half opgerolde bivakmutsen op onze hoofden.

We wisten dat het personeel samen met de baas van het bedrijf koffie in de kantine ging drinken voordat de werkdag begon. Dat was voor ons een ideaal moment om toe te slaan omdat iedereen dan bij elkaar was. We hadden er ook voor kunnen kiezen om toe te slaan tijdens de lunchpauze maar dan was iedereen wakker en alert dus kozen we voor de vroege ochtend waarin het pas gearriveerde personeel rustig wakker zat te worden met een kop koffie of thee.

Gino ging weer achter het stuur zitten en startte de motor. Ik pakte de tas uit de kofferbak van de auto en nam weer plaats op de bijrijderstoel waarop ik de deur dichttrok en Gino rustig naar de uitgang van de garage reed.

Ik pakte het jachtgeweer en legde het over mijn schouder waarop Danny het aanpakte en het op zijn schoot legde. Ik pakte mijn eigen vuurwapen uit de tas en stopte het tussen mijn broekband. Gino pakte de Walther aan en stopte het in zijn jaszak waarna ik de bijbehorende geluiddemper in zijn andere zak stopte.

We wisten dat het personeel om 08:00 aanwezig moest zijn dus vonden we 08:10 een prima tijd om binnen te vallen.

Dit omdat we dan zeker wisten dat iedereen op dat moment rustig in de kantine zat en wij geen mensen tegen het lijf gingen lopen die toevallig wat later aankwamen dan de bedoeling was.

Van bovenaf gezien had de boerderij de vorm van een omgekeerde letter U . Links stond een loods waar duizenden kippen hun best deden om eieren te produceren en direct daarnaast een groot veld waar nog eens duizenden kippen stonden te scharrelen. De rechterloods was bestemd voor het verwerken en verpakken van diervoeding en meteen rechts van die loods stond een vrijstaand huis dat ongetwijfeld het woonhuis was van de eigenaar van het bedrijf. Beide loodsen waren aan het eind verbonden door een derde loods dat dienst deed als opslagruimte, kantoor, kantine etc. De omgekeerde U lag aan een lange doorgaande weg dat rechts uitkwam in een dorpje dat De Steeg heet en links uitkwam in Velp.

We reden het dorp uit en reden om het dorp heen. Daarna reden we via de doorgaande weg terug het dorp in naar ons doel. Ongeveer honderd meter voordat we de boerderij bereikten doofde Gino de lichten van de auto en reed een onverhard zijweggetje in dat door boeren en hun tractoren werd gebruikt om op het land te komen. Het was er vrij beschut dus zou de auto in de tijd dat we in het bedrijf waren niet zo snel opvallen.

Het plan was om via een bevroren sloot langs een aangrenzend weiland naar de achterkant van de boerderij te rennen, want als we via de voorkant naar binnen zouden gaan moesten we eerst door het hele bedrijf heen en dat vonden we een slecht idee omdat we niet wisten wat we daar aan zouden treffen.

Gino bleef in de auto wachten en eventuele getuigen in de gaten houden. Danny en ik gingen de daadwerkelijke overval uitvoeren. Ik gaf Gino een walkie-talkie waarna we de frequenties op elkaar afstemden, op die manier bleven we in contact en kon hij ons vertellen wat er buiten gebeurde. "Ben je er klaar voor ?" vroeg ik aan Danny. Hij trok de bivakmuts over zijn hoofd en ritste zijn jasje helemaal dicht.

"Absoluut" zei hij vastberaden terwijl hij het jachtgeweer op zijn schouder liet rusten.

Ook Gino trok de muts over zijn gezicht en zuchtte waardoor er een wolk warme lucht uit zijn mond ontsnapte.

"Spannend man" zei hij met een zenuwachtige glimlach. Danny gaf hem een tik op zijn achterhoofd.

"Het enigste wat jij hoeft te doen is ervoor zorgen dat we weer veilig thuiskomen gozer" zei hij waarna hij het portier opende en uitstapte.

"Hou je hoofd koel, zo moeilijk is dat niet met dit kutweer" zei ik tegen hem terwijl ik hem een klap op zijn schouder gaf. "Hou je ogen open. Je weet wat je moet doen. Doe die geluiddemper op je wapen" vervolgde ik waarna ook ik het portier opende en uitstapte.

Gino stapte daarna ook uit en ging gehurkt naast de auto zitten zodat hij tussen de jonge bomen en struiken door een prima uitzicht had op de zijkant, en een gedeelte van de voorkant van het boerenbedrijf. Nadat ik de rugzak had omgedaan liepen Danny en ik langs de auto naar voren totdat we na een meter of tien uitkwamen bij de bevroren sloot die in het verlengde lag van de achterkant van de boerderij. Vanaf dat moment waren we niet meer beschut door het jonge bosgebiedje dus slopen we zo gehurkt mogelijk door de sloot in de richting van ons doel.

Toen we aan de achterkant van het bedrijf aankwamen verschansten we ons achter een partij regentonnen die tegen de muur van het bedrijf stonden. Een paar meter verder stonden twee grote ramen op een kier, dat waren de ramen van de toiletten en voor ons de plek om naar binnen sluipen. Ik ging onder één van de ramen staan en gaf Danny een schouder zodat hij makkelijk naar binnen kon klimmen. Nadat hij alle toilethokjes had gecontroleerd hielp hij me een handje om naar binnen te klimmen waarna we onze wapens in de aanslag hielden en beiden aan een kant van de toegangsdeur van het toilet gingen staan.

Aan de andere kant hoorden we het gedempte geluid van pratende en lachende mannen. Ik keek naar de bivakmuts tegenover me en zag een glimlach en een knipoog door de gaten van het stof.

Ik laadde mijn vuurwapen door en draaide aan de ronde deurknop waarna de deur soepel opende. Door de kier van de deur rook ik de geur van mest en granen, een typische boerenlucht. Ik trok de deur verder open en keek in de hal waar het op uitkwam. Links stonden gigantische stellages met allerlei zakken en spullen. Er stond ook een heftruck tegen de muur geparkeerd en er stonden verschillende palletwagens. Aan het einde lag volgens de plattegrond die we hadden bestudeerd, het kantoor van het bedrijf.

Toen ik naar rechts keek zag ik een rij rolwagens die beladen waren met producten die bestemd waren voor transport. Daar vlakbij liep een houten trap omhoog dat uitkwam op de kantine van het bedrijf. Toen ik naar boven keek zag ik door de ramen van het schafthuisje een paar mannen met de rug naar ons toe zitten. Naar onze verwachting zaten er zeven man in dat kantoor dus moesten we snel te werk gaan om van het verrassingseffect gebruik te kunnen maken.

Danny controleerde de patronen in het geweer waarna als eerste de trap op ging. Toen hij aan het eind van de trap was kroop hij op zijn knieën meteen naar rechts om uit het zicht van de ramen te blijven. Ik volgde zijn voorbeeld en positioneerde me achter hem aan de rechterkant van de kantinedeur. Daarna deed hij zijn vrije hand achter zijn rug en telde met zijn vingers de seconden af.

Dit was het moment dacht ik, nu moeten we die drempel over. De spanning steeg razendsnel en ik voelde dat ik ondanks de handschoenen klamme handen begon te krijgen. Ik stond op en richtte mijn vuurwapen op de deur van de kantine waarna mijn compagnon zijn geweer ook op de deur richtte. Aan de bewegingen van zijn rug kon ik zien dat zijn ademhaling versnelde. De laatste seconden deed mijn adrenalinegehalte stijgen en het leek alsof de tijd langzamer ging op het moment dat Danny de trekker overhaalde. Eerst een flits en daarna meteen een oorverdovende klap vergezeld van een wolk kruitdampen was het gevolg.

Vanaf dat moment ging het razendsnel. Danny trapte de beschadigde deur in, stormde naar binnen en ging de linkerkant van de kantine in. Ik volgde hem en liep snel met het getrokken vuurwapen naar de rechterkant van de ruimte. "OP DE GROND ! LIGGEN !" schreeuwde ik naar de geschrokken werknemers. Sommigen doken meteen op de grond, anderen bleven vertwijfeld staan kijken waardoor het leek alsof ze het bevel niet verstonden. "LIGGEN ! LIGGEN !" Schreeuwde Danny terwijl hij het geweer op het groepje mensen richtte.

Toen iedereen op de grond lag gooide ik wat tafels en stoelen opzij zodat ik vrij zicht had op het personeel. Overal lagen omgevallen koffiebekertjes en lunchbakjes en zakjes met brood.

Uit de radio dat op een tafeltje stond klonk de vrolijke melodie van een voor mij onbekend liedje wat vreemd aanvoelde in zo'n situatie.

Ik pakte de rugtas van mijn rug en greep de tie-wraps waarmee ik de mannen met hun handen achter de rug vastbond. Ik sleepte een paar werknemers aan hun voeten naar de rest van hun collega's zodat ze allemaal netjes op een rij lagen. Terwijl Danny de zakken leeghaalde en alle waardevolle spullen in een tas van het bedrijf stopte pakte ik een stoel en ging zitten.

Er klopte iets niet. Er lagen zeven mannen op hun buik op de grond, de eigenaar zou ertussen moeten liggen maar dat was niet het geval. Hadden we ons vergist ? Dit kleine tegenvallertje kon grote gevolgen hebben voor de hele operatie want de baas was juist de enige die de kluis kon openen. Ik bekeek de groep nog een keer en keek Danny aan, die haalde zijn schouders op. Tussen de mannen lag een jongen van een jaar of twintig hevig te trillen en te mompelen. Ik trok zijn hoofd een stukje omhoog en keek hem aan, hij stond op het punt om in huilen uit te barsten.

"Waar is je baas ?" vroeg ik aan de doodsbange jongen terwijl ik hem bij zijn kin pakte en zijn hoofd omhoog hield.

Hij schudde zijn hoofd en sloeg zijn ogen neer.

"WAAR IS JE BAAS !!!" schreeuwde ik in de oor van de jongen.

"Hij is hier vandaag op stage voor een leer en werkproject voor licht verstandelijk gehandicapten" Zei een stem achter

214

me. Ik keek om en zag dat ik werd aangesproken door een man met een gitzwarte baard en een bril dat scheef op zijn neus zat. Ik liet het hoofd van de jongen vallen en liep naar de man. Ik pakte hem bij zijn bovenarmen en zette hem op een stoel waarna ik zijn bril weer netjes recht op zijn neus zette.

"Aan hem heb ik dus niks, kan jij me vertellen waar Erik is ?" vroeg ik.

Ik zag aan de ogen van de man dat hij verbaasd was dat ik de eigenaar bij zijn voornaam noemde.

"Ik ben de chef hier, aan mij kun je alle vragen stellen die je wilt." antwoordde de bebaarde man.

Zijn antwoord irriteerde me.

"Oké chef, mijn vraag is of jij weet waar Erik is !" beet ik hem toe waarna ik hem bij zijn hoofd pakte en het vuurwapen op zijn wang zette. De trouwe werknemer zweeg en keek naar de grond.

"Kan iemand anders me vertellen waar de baas is ?" vroeg ik toen ik langs het rijtje mannen ijsbeerde. Het bleef collectief stil, blijkbaar werden de werknemers goed betaald.

Mijn bloed begon te koken. Ik schopte de stoel onder de chef weg waardoor hij met zijn gezicht op de grond viel. De zwakbegaafde jongen begon te hoesten door het opwaaiende stof dat veroorzaakt werd door zijn vallende collega. Ik draaide de chef zo dat hij met zijn gezicht naar het rijtje mannen toe lag waarna ik een plastic tas van het bedrijf pakte en het over het hoofd van de chef trok, daarna trok ik het plastic rondom de nek van de man en maakte het vast met tape. Een hevig gehijg vergezeld van creatief gekozen scheldwoorden klonken uit de tas. Ik pakte de gevallen stoel van de grond en ging naast de chef zitten.

"Deze tas gaat pas van zijn hoofd af als iemand me verteld wat ik wil weten" zei ik terwijl ik het wapen op het groepje mannen richtte.

Danny doorzocht ondertussen elke kast en tas die in de ruimte te vinden was. Seconden tikten weg terwijl het groepje mannen elkaar aankeek. Het was zo'n typische 'welk schaap gaat als eerste over de dam' situatie, niemand wilde tenslotte verantwoordelijk zijn voor de dood van hun collega maar ook niet verraden waar Erik de baas zich bevond.

Een collectief dilemma.

De tas begon rare vormen te krijgen en een hevig ademend lichaam was de oorzaak. De zuurstof in de tas begon op te raken en ik zag aan het trillende lichaam van de man dat het niet lang zou duren voordat hij een toeval ging krijgen.

Ik keek van de chef naar het groepje.

"Ik geef hem nog dertig seconden als ik die tas zo bekijk" zei ik.

De tas begon zich vacuüm te zuigen, bij elke teug zuurstof dat de chef probeerde binnen te krijgen zoog hij het plastic in zijn mond en kon ik de contouren van zijn oogkassen zien.

Ik hoorde een piepend geluid uit de tas komen en het lichaam van de man begon hevig te schokken.

"Hij is ziek thuis! Maak hem los!" hoorde ik plotseling een man uit het groepje schreeuwen.

Meteen daarna pakte ik een balpen van tafel en maakte er een gat mee in de plastic tas waarna ik het een stuk openscheurde, een naar adem snakkende en hoestende chef was het gevolg.

Ik stond op en wees naar de man die mij de informatie had gegeven, "Jij hebt zijn leven gered" zei ik waarna ik naar

Danny toe liep.

"Ik ga de baas halen, hou jij deze gasten goed in de gaten" zei ik tegen hem waarna hij instemmend knikte en plaats nam op een tafel.

Net op het moment dat ik de trap af wilde lopen hoorde ik een stam achter me.

"Laat alsjeblieft zijn vrouw en pasgeboren kind met rust !" zei één van de werknemers.

Ik keek verbaasd om naar de mannen en bleef wat vertwijfeld staan om de plotselinge opmerking in me op te nemen. Hij is niet ziek maar zijn vrouw is net bevallen, dacht ik, waarna ik me omdraaide en de trap af sprintte in de richting van de hal waar het diervoeding werd geproduceerd.

Ik rende zo snel als dat ik kon door de loods en maakte ondertussen een geestelijke memo waarin ik schreef dat ik na die klus wat aan mijn conditie moest gaan werken.

Toen ik de grote schuifdeur dat toegang gaf tot het privé terrein van de boer had bereikt besloot ik even een paar seconden op adem te komen. Gehurkt zat ik naast de schuifdeur bij te komen toen ik een klein vogeltje naar binnen zag vliegen. Het streek voor me neer en keek vol belangstelling naar de man met de bivakmuts waarna het op de grond poepte en weer wegvloog. Ik kon een glimlach niet onderdrukken en stond weer op waarna ik over het modderige terrein mijn weg vervolgde naar de woonboerderij van Erik de boerenondernemer. Als ik Erik ging gijzelen dan zou ik dat ook met zijn vrouw moeten doen omdat zij alarm kon slaan, het feit dat ze pas was bevallen nam ik maar voor lief.

Ik stapte de bijkeuken van de woning in waardoor ik een modderig spoor op de houten vloer achterliet. Ik wist niet waar de baas was en ook niet waar zijn vrouw en baby zich bevonden. Ik ging er vanuit dat de laatste twee in de echtelijke slaapkamer zouden liggen dus wilde ik naar boven lopen, maar toen zag in mijn ooghoek een schim bewegen.

Ik keek door het raam aan de achterkant van het huis en zag dat de eigenaar van het bedrijf bezig was met het uitladen van een bedrijfsbusje. Ik besloot om hem buiten te verassen voor het geval hij naar binnen zou komen en wij in gevecht zouden raken waardoor zijn vrouw alarm kon slaan.

Ik liep het huis weer uit en ging links de hoek om waar ik gehurkt achter een aanhangwagen ging zitten en de walkie-talkie bekeek. Ik had nog niets van Gino gehoord en dat kon twee dingen betekenen, of het zat goed, of het zat goed fout. Tot mijn stomme verbazing zag ik dat het ding uit stond !

Ik zette het aan waarna ik de knop indrukte en mijn Surinaamse collega aansprak.

"Hey vriend, hoe is het ?" zei ik tegen het apparaatje. Even bleef het stil waarna ik antwoord kreeg.

"Hey, ja lekker. Hoelang ? Vroeg de waakhond.

De hele overval liep niet zoals gepland dus moest ik hem wel op de hoogte stellen van de situatie.

"Alles is onder controle maar zeven wordt acht en die laatste haal ik nu op" zei ik tegen hem waarna ik het apparaatje in de zak van het trainingsjasje deed en verder om het huis heen liep.

Binnen korte tijd bereikte ik de achterkant van het pand en het bedrijfsbusje. Erik de baas was druk bezig met het uitladen van spullen uit de laadruimte van de wagen dus wachtte ik tot hij in het busje stapte om dozen te pakken. Op het moment dat hij volgepakt met een paar dozen uit het busje stapte trok ik hem aan zijn kraag naar beneden waardoor hij op de grond viel.

"Kop dicht en luisteren" siste ik terwijl ik mijn knie op zijn hoofd liet rusten en het wapen op zijn borst drukte. De man knikte. Zonder tegenstand ging hij op zijn knieën zitten waarna ik hem met de handen achter zijn rug knevelde.

"Mijn vrouw en kind ?" vroeg de boer kortaf.

"Die zijn ongedeerd en blijven dat ook als je meewerkt, begrijp je dat ?" zei ik rustig terwijl ik hem omhoog trok.

De man knikte opnieuw waarna ik hem door het huis meenam naar zijn bedrijf.

Toen we niet veel later door de loods met de diervoedingsproducten liepen begon de man tot mijn verbazing uiterst ontspannen te praten.

"Als je geld nodig hebt dan kan ik je een plekje geven in dit bedrijf, dan gaan we er maar even vanuit dat dit jouw sollicitatiegesprek is" zei de man.

De plotselinge opmerking deed me in lachen uitbarsten.

"Dan gaan we vast een voorschot halen in jouw kantoor Erik" antwoordde ik.

Verbaasd probeerde hij om te kijken waarop ik het wapen harder in zijn rug drukte, hij begreep de hint en herstelde zich. Toen we aan het eind van de loods bij het kantoor van Erik aankwamen keek ik links de andere loods in naar de kantine. Ik zag niets alarmerends dus liep ik samen met de baas zijn kantoor in en legde hem met zijn buik op de grond. Toen ik rondkeek in het kantoor zag ik dat er geen manshoge kluis stond zoals dat was verteld. Opnieuw begon mijn hartslag te versnellen en maakte een lichte paniek zich van mij meester. Waren we voorgelogen ? Was dit alles voor niets geweest ? Ik pakte Erik bij zijn haren en trok zijn hoofd omhoog.

"De kluis, de omzet van dit bedrijf. Dat wil ik nu hebben, waar is die kluis ?" vroeg ik.

De man zweeg en begon rood aan te lopen waarna zweetdruppels zich manifesteerden zich op zijn gerimpelde voorhoofd. Na een paar seconden antwoordde hij dat er geld in de bureaulade lag. Nadat ik over hem heen was gestapt opende ik de bureaulade en zag dat er een oude bruine portemonnee in lag dat gezelschap had van wat paperclips en potloden. Ik kon me niet voorstellen dat de verwachte omzet daar in zat waardoor mijn geduld tot een dieptepunt zakte. Ik keek op mijn horloge en zag dat de overval al ruim tien minuten aan de gang was, ik zat niet te wachten op vrachtwagens die kwamen laden en lossen of ander ongewenst bezoek, dus besloot ik de druk op de man te verhogen.

Ik veegde zijn bureau schoon en legde de man erop waarna ik hem bij zijn nek pakte en het wapen op zijn rechter oogkas drukte.

"Als jij me niet snel verteld waar ik de omzet kan vinden dan neem ik jouw vrouw en kind mee naar huis" fluisterde ik sissend in zijn oor.

Hij slikte herhaaldelijk voordat er een antwoord uit kwam.

"Die stomme kluis staat in mijn kantoor" zei de man zacht. Ik keek om me heen en daarna weer terug naar hem.

"En waar zijn we nu dan, in het café van Bolle Jan ?" vroeg ik aan hem terwijl de irritatie van mijn stem afdroop.

Weer slikte de man herhaaldelijk en knipperde met zijn ogen waardoor die nat werden van de onderdrukte tranen die eerder door zijn oogleden waren verborgen.

"Beloof me alsjeblieft dat je ze met rust laat, pak mijn geld en vertrek" zei hij terwijl hij me smekend aankeek. Ik zuchtte.

"Waar in jouw huis staat ie ?" vroeg ik de man verveeld waarna ik hem van tafel trok en hem op zijn knieën liet zitten. Hij liet zijn hoofd hangen toen hij antwoord gaf. "Mijn kantoor ligt naast mijn slaapkamer, dat is de enige plek waar je hoeft te zijn. Mijn vrouw en kind zijn….."

Zijn ademhaling stokte toen ik hem aan zijn kraag omhoog trok en hem door de loods naar de kantine dirigeerde. Eenmaal binnen zag ik Danny in dezelfde houding op dezelfde tafel zitten als toen ik vertrok. De chef lag er rustiger bij als toen ik vertrok en zelfs de zwakbegaafde stagiair was gestopt met zijn angstige breakdance.

"Zijn jullie godverdomme uit eten geweest of zo !" beet Danny me toe toen hij ons binnen zag komen.

Nadat ik Erik de baas op de stoel had gezet waar ik eerder op had gezeten tijdens het benauwde moment van de chef, gaf ik antwoord.

"Hij heeft ook een kantoor aan huis" antwoordde ik.

Nadat ik voor de baas ging staan laadde ik mijn vuurwapen door en zette het op het voorhoofd van de man.

"De code." Zei ik waarna ik het wapen een duwtje gaf waardoor zijn hoofd iets omhoog kwam.

Zonder moeite gaf de man mij de code van de kluis waarna ik het meteen door Danny op een geschreven briefje in mijn hand kreeg gedrukt. Terwijl ik het twijfelachtig aanpakte keek ik hem verwijtend aan.

"Ik heb geen alzheimer" snauwde ik tegen hem terwijl ik me omdraaide en de kantine uit liep. Voor de tweede keer sprintte ik door de loodsen totdat ik opnieuw bij de ingang van de boerenvilla terechtkwam. Dit keer veegde ik mijn voeten voordat ik verder de woning in liep.

Zachtjes liep ik de houten trap op naar de bovengelegen

verdieping totdat ik in een gang terechtkwam dat vol hing met oorkondes en foto's van sierkippen.

Blijkbaar had de man hart voor zijn zaak want hij deed mee aan wedstrijden waar de mooiste kip in de prijzen kon vallen. Een soort van miss kip verkiezing.

Meteen rechts van de trap stond een deur op een kier. Aan het roze behang en een plank vol met knuffels kon ik zien dat het de kamer van de baby was, een dochtertje.

Zo stil mogelijk liep ik links de gang in tot ik achter een deur aan de linkerkant van de gang een vrouwenstem hoorde zingen. Het was een slaapliedje. Ik drukte mijn door de bivakmuts bedekte oor tegen de deur en begon te luisteren. Ik herkende het liedje niet. Ik vond dat de klanken rust en zorgzaamheid voortbrachten, vreemd genoeg kan ik dat deuntje tot op de dag van vandaag nog neuriën.

Plotseling hield het zingen op. Ik vroeg me af of ze me gehoord had en besloot om mijn weg naar het kantoor van Erik te vervolgen.

Net op het moment dat ik de deur van het kantoor open deed kwam de vrouw van de baas met het kindje op haar arm uit de slaapkamer gelopen. Zo snel als ik kon draaide ik me het kantoortje in en bleef door een kier van de deur kijken naar de vrouw die naar de kinderkamer liep. Het was een mooie slanke blondine, wat mij verbaasde, want zo aantrekkelijk was Erik niet. Blijkbaar had ik het misplaatste idee dat boerenvrouwen eruit zien als koeien in tuinpakken want deze vrouw was aantrekkelijk. Zou ze meegedaan hebben aan dat tv programma over die boeren die vrouwen zoeken ?

Toen ze de kinderkamer was binnengegaan sloot ik de deur van het kantoortje en keek om me heen.

Voor een boerenbedrijf vond ik het er stijlvol ingericht. De archiefkasten, het bureau en zelfs de vloer was gemaakt van glanzend eikenhout. Tot mijn opluchting zag ik in de rechterhoek van de ruimte datgene waarvoor we gekomen waren, een donkergrijze brandkast van ruim twee meter hoog. Nadat ik de code die de baas aan mij had gegeven had ingevoerd opende ik zonder moeite de zware deur en bekeek ik de inhoud. De kast had verschillende compartimenten die los van elkaar geopend konden worden. In het onderste compartiment lag de omzet, netjes verdeeld in stapeltjes en bijeengebonden door middel van elastiekjes. Ik liet mijn ogen over de pakketjes glijden en beet op mijn onderlip totdat ik een bloedsmaak proefde. De hoeveelheid cash dat er lag opgestapeld had ik persoonlijk nog nooit in het echt gezien. In de andere compartimenten lagen waardepapieren, contracten en een aantal gouden horloges.

Op het moment dat ik het allemaal in wou pakken besefte ik dat de rugtas te klein was voor de beoogde inhoud dus moest ik iets anders vinden om de buit in te kunnen stoppen. Ik keek om me heen en zag geen tas of koffer in het kantoortje staan waarop ik besloot om naar de slaapkamer van het stel te gaan om te zoeken naar iets bruikbaars.

Ik opende de deur en keek de gang in. Aan het einde van de gang zag ik aan de bewegende schaduwen op de muur van de kinderkamer dat de vrouw des huizes er nog steeds bezig was met haar dochtertje dus snelde ik me naar haar slaapkamer. Daar trok ik het hoeslaken van haar bed en haastte me weer terug het kantoor in. Eenmaal binnen gooide ik de complete inhoud van de kluis in het laken en liep de gang weer in.

Toen ik steeds dichter bij de kinderkamer kwam was ik bang dat de vrouw juist op dat moment naar buiten zou komen en me zou betrappen, maar het was de enige weg naar de trap dus besloot ik om het risico te nemen.

Ik had geen zin om haar ook te gijzelen dus wat mij betreft gingen we er vandoor.

Toen ik de eerste paar treden nam verraadde ik mezelf bijna omdat ik me verstapte en haast van de trap af viel maar kon mezelf aan de leuning vasthouden waardoor me een aantal botbreuken bespaart bleven.

Eenmaal buiten rende ik met het gevulde hoeslaken terug naar de loodsen. Vanaf de doorgaande weg gezien zullen eventuele voorbijgangers me ongetwijfeld vergeleken hebben met de Kerstman door die rode zak op mijn rug.

In de loods met de diervoeding zei ik door de portofoon dat Gino de auto moest starten en naar de voorkant van het stukje bos moest rijden waarna ik het apparaat uit zette.

Onderaan de trap van de kantine floot ik een keer waarna Danny de trap afrende.

"Niks vergeten ?" vroeg ik hem.

"Nee kom we gaan" antwoordde hij waarna we door de loods met de legkippen renden die enthousiast begonnen te kakelen toen we passeerden.

Eenmaal buiten sloegen we rechtsaf en zagen we Gino al staan met een open kofferbak. Toen we bij de auto aankwamen gaf ik de Surinamer een schouderklopje waarna ik de buit in de kofferbak gooide en er naast ging liggen waarna de klep werd dichtgegooid. Danny verstopte zich onder een laken op de grond tussen de stoelen en de achterbank waarna Gino de auto startte en wegreed in de richting van de tweede vluchtwagen die we op de homo parkeerplaats hadden gestald. De overval was gepleegd door twee blanke mannen en het enige wat er op dat moment over de weg reed was een gitzwarte Surinamer in een Renault, zo hoopten we eventuele oplettende politieagenten te misleiden.

Toen we naar de parkeerplaats van de mannenliefde reden voelde de kofferbak beklemmender dan ik had verwacht en ik was er niet eens onder dwang in gestopt.

Toen we er aankwamen hoorde ik Danny tegen de achterbank schreeuwen dat er twee andere auto's op de parkeerplaats stonden en dat de eigenaren in een verstrengelde houding aan het vozen waren.

"Er staan twee flikkers bij de auto ouwe !" schreeuwde hij van onder zijn dekentje.

"Hou die bivakmutsen op en gassen !" schreeuwde ik terug vanuit de kofferbak waarna Danny mijn woorden doorgaf aan Gino. Die trapte daarop het gaspedaal in waardoor we met een gangetje of tachtig over de parkeerplaats scheurden in de richting van de mannen. Met piepende banden kwam de auto tot stilstand waarna Danny uit de auto sprong en de kofferbak opende.

2Nadat ik eruit was gesprongen richtte ik mijn vuurwapen op de homo's terwijl ik naar ze toe liep. Gino gooide ondertussen de buit en het jachtgeweer op de achterbank van de Ford Escort. Terwijl ik dichterbij kwam maakte één van de mannen aanstalten om weg te rennen.

"Staan blijven !" schreeuwde ik waarna de man direct zijn vlucht staakte.

"Wat is dit ?!" schreeuwde de man paniekerig terug.

Terwijl ik beide mannen onder schot hield pakte Danny een notitieblokje uit zijn jaszak en schreef de kentekens van de auto's op waarna hij het in de lucht hield.

"Als jullie één woord reppen over wat jullie hebben gezien dan zoeken we jullie op en schieten we jullie kapot ! Begrepen ?!" schreeuwde Danny naar de homo's. De mannen knikten instemmend.

"Oprotten !" schreeuwde ik , waarna ze instapten en elkaar bijna aanreden terwijl ze de parkeerplaats verlieten.

Toen de mannen waren verdwenen deden we de trainingspakken uit en de bivakmutsen af waarna we ze op de achterbank van de Laguna gooiden. De handschoenen hielden we aan. Gino haalde een jerrycan benzine uit de achterbak van de Ford dat hij leeg goot over de stoelen en achterbank van de Renault. Danny en ik namen plaats in de Ford en niet veel later zagen we door de achterruit een gigantische steekvlam verschijnen waarna Gino plaats nam achter het stuur van vluchtauto nummer twee.

Nadat hij een radiozender met rockmuziek had opgezet zette hij de auto in de eerste versnelling en reed rustig de parkeerplaats af in de richting van Arnhem.

De sfeer in de auto was euforisch. Gino zong luidkeels mee op de klanken van Bon Jovi en Danny keek met een brede glimlach uit het raam.

"We hebben het godverdomme gedaan man !!" schreeuwde hij enthousiast terwijl hij aan de kraag van mijn colbert trok.

"Waarom ga jij er vanuit dat er geld in die zak zit ?" antwoordde ik zonder een krimp te vertrekken.

De glimlach verdween en even had ik het idee dat zijn rechter ooglid begon te trillen.

"Wat heb je godverdomme dan…" zei hij terwijl hij het laken opentrok en de inhoud bekeek.

En daar was die glimlach weer.

"Je zit me te fucken ! Je zit me gewoon te fucken !" zei hij lachend terwijl hij Gino op zijn schouder klopte.

"Hoor je dat zwarte ? Hij zit me gewoon te fucken, de klootzak" vervolgde hij lachend.

Gino deed niets anders dan met een glimlach naar het asfalt staren terwijl hij de auto op de weg hield. Ik pakte Danny bij zijn wangen en kuste hem op zijn voorhoofd waarna ik hem aankeek. "Je was te gek ouwe !" schreeuwde ik lachend.

Zonder problemen bereikten we Arnhem waarna we het hoeslaken met de inhoud van de kluis in een grote reiskoffer stopten die we in de kofferbak van de vluchtauto hadden vervoerd.

Deze auto staken we niet in de brand omdat dat alleen maar een duidelijk spoor zou geven, dus parkeerden we de bolide op een drukke parkeerplaats in het centrum van de stad. Nadat we waren uitgestapt trokken we de stropdassen van onze kostuums recht en liepen als drie goedgeklede heren met een reiskoffer door de binnenstad van Arnhem in de richting van een viersterren hotel dat vlakbij het centraal station gevestigd was.

20

Na een drukke ochtend waren we wel toe aan een welverdiend ontbijtje en een gigantische kop koffie. Diezelfde middag verdeelden we de omzet van het bedrijf en gingen we onze eigen weg. Iedereen had zo zijn eigen bestemming voor het geld. De sieraden en waardepapieren stopten we in een kluis dat bij de tante van Gino onder het bed stond. We hadden elk een deel in een paar enveloppen gestopt dat bestemd was voor Isa, die enveloppen heb ik diezelfde avond nog afgegeven bij haar.
We hadden bijna tachtigduizend euro cash buitgemaakt. Dat was veel minder dan verwacht omdat we volgens de financiële administratie van het bedrijf minimaal een ton hadden moeten pakken.
Niet veel later kreeg ik verschillende bedreigingen te verwerken die mij het zweet deden uitbreken omdat ik niet zeker wist in welke hoek ik het moest zoeken.

Op een ochtend werd ik wakker na een avond stappen, de kater waarmee ik werd geconfronteerd verdween als sneeuw voor de zon toen ik de woonkamer in liep.
Door de hele woonkamer lagen foto's van mij verspreid, iemand had ze daar neergelegd terwijl ik lag te slapen.
Ze waren genomen terwijl ik in de supermarkt liep of een patatje bestelde in de snackbar, alledaagse dingen dus.
Er lagen tientallen foto's en het beangstigde me enorm dat ik niets in de gaten had en dat iemand blijkbaar zonder moeite mijn woning binnen kon komen terwijl ik lag te slapen.
Op de binnenkant van de voordeur was een kaart geplakt

waar een tekst op stond gedrukt. **Ik weet wat jij hebt gedaan in Rheden. Ik wil 10 duizend. Nieuweplein, fonteinen 11:45.**
Het was duidelijk dat de afperser nu werd afgeperst.

Hevig scheldend gooide ik de foto's en het kaartje in de prullenbak waarna ik me aankleedde en naar een bouwmarkt liep. Daar kocht ik extra sloten voor de ramen en de voordeur. Nadat ik mijn huis had voorzien van de extra sloten belde ik Danny om hem het hele verhaal te vertellen over de bedreigingen en het filmpje dat ik eerder had gezien op mijn laptop.
"Heb je vijanden ?" was zijn eerste vraag.
"Die vraag trek ik terug" zei hij meteen daarna.
Ik wilde heel graag weten wie mijn afperser was zodat mijn bedreiger een gezicht kreeg, dus besloot ik om naar de plaats te gaan die op de kaart stond beschreven.
Het idee dat iemand het lef had om mij onder druk te zetten maakte me woedend en ik wilde diegene meteen afstraffen voor het feit dat die mijn woning was binnengedrongen.

Het Nieuweplein ligt in het centrum van Arnhem, vlakbij het centraal station. In de zomer is het een geliefde plaats voor mensen omdat het hele plein is opgetrokken uit fonteinen waar kinderen spelen en mensen met de voeten in het water genieten van een drankje terwijl ze het langslopende publiek nakijken. In de winter is het echter een kale en koude bedoening waar af en toe jongeren rondhangen of trucjes oefenen met een skateboard.
Voor de zekerheid nam ik Danny mee naar mijn onvrijwillige afspraak, ik wist tenslotte niet met wie ik te maken had.

Toen we aan de rand van het plein parkeerden en uitstapten keek ik meteen over het plein heen om te zien of er iemand was. Op een paar tieners met crossfietsen na zag ik niemand. We liepen om het plein heen tot we bij een verschrikkelijk lelijk standbeeld kwamen dat leek op een felgekleurde amoebe.

Op de sokkel van dat twijfelachtige kunstwerk zat een magere man met de rug naar ons toe aan een milkshake te zuigen. Toen we de man passeerden draaide hij zijn hoofd naar ons toe en begon te glimlachen. Ik herkende hem en het kon geen toeval zijn dat hij daar zat, dit moest de man zijn die in mijn huis was geweest.

Hij sprong van de sokkel af, gooide zijn milkshake van zich af en veegde zijn handen schoon aan zijn jas waarna hij zijn rechterhand uitstak om ons te begroeten.

"Heren !" zei de man vrolijk.

Een ongecontroleerd gevoel van woede en zenuwen raasde via mijn hoofd langs mijn ruggengraat waardoor het me heel veel moeite kostte om niet uit te halen naar de man.

"Wat moet je van me" siste ik hem toe.

"Ik zal mezelf nog even een keertje voorstellen, mijn naam is Geert" antwoordde de magere man.

Zijn Hitler kapsel en lichaamshouding waren nog steeds hetzelfde als die keer dat ik hem voor het eerst in mijn woonkamer zag. Zonder na te denken voelde ik aan mijn hoofd, de plek waar hij me met het pistool had geslagen was nog steeds gevoelig.

"Je bent me nog niet vergeten zie ik ?!" vervolgde hij glimlachend.

En plotseling, alsof ik met een schizofreen persoon aan het praten was vertrok zijn gezicht tot een grimas en veranderde

230

de toon in zijn stem van vriendelijk naar verschrikkelijk haatdragend.

"Heb jij dat geld bij je ?" vroeg hij.

Als antwoord sloeg ik hem met volle kracht in zijn gezicht waardoor hij achterover met zijn rug op de straattegels viel.

"Denk je dat je mij af kan persen ? Dat je mij kan pakken ?!" schreeuwde ik terwijl ik stijf stond van woede.

De man stond op en klopte het zand van zijn kleding.

"Als je mij niet betaald dan vermoord ik jou en dat rooie vriendje van je, en als je vlucht dan tip ik de politie en vermoord ik je alsnog als je vrijkomt" antwoordde hij rustig terwijl hij het bloed van zijn onderlip likte.

"Ik kan jou nu ook voor je flikker schieten" zei ik tegen hem.

"Ook daar heb ik aan gedacht. Er gaat automatisch informatie naar de politie als ik niet op mijn dagelijkse telefoontje reageer" antwoordde Geert zelfverzekerd.

"Weet je wat Geert" antwoordde ik, "Krijg de tering."

Meteen daarna sloegen Danny en ik de man midden op straat onder het toeziend oog van de crossende tieners minutenlang in elkaar waardoor hij zwaargewond in het ziekenhuis belandde.

Diezelfde avond heb ik Isa aan de tand gevoeld over haar oom maar ze verzekerde me dat ze niets afwist van zijn handelen, wat ik geloofde.

"Je moet wel uitkijken voor hem, hij is gevaarlijk." Zei ze.

Ik kon niet ontkennen dat de man mij koude rillingen bezorgde, dus vroeg ik om meer informatie aan haar.

"Het is een moordenaar, een pyromaan en zoals je hebt gemerkt is het een vakbekwame inbreker" zei ze terwijl ze haar hand op mijn knie legde en me zorgelijk aankeek.

"En zo iemand neem jij mee naar mijn huis ?" zei ik waarna ik haar hand wegsloeg.

"Dat had je helemaal aan jezelf te danken" antwoordde ze boos.

"Achteraf gezien had ik kunnen weten dat hij me alleen hielp uit opportunistisch oogpunt." vervolgde ze waarna ze haar laptop pakte en het op de eettafel legde.

Binnen seconden keek ik naar een nieuwsbericht in een krant uit 1984. **Verdachte van dubbele moord veroordeeld tot 12 jaar en TBR.**

Geert bleek in het verleden een echtpaar met talloze messteken om het leven te hebben gebracht waarna hij het huis van het stel tot aan de grond toe af liet branden.

Daarvoor kreeg hij een lange gevangenisstraf en TBR (het vroegere TBS).

"En dit is niet het enige, hij stak ook vrijwel ieder huis de fik waar hij inbrak en heeft eerder een paar jaar gezeten omdat hij een magazijn kogels leegschoot op de deur van een shoarmazaak omdat hij te weinig knoflooksaus bij zijn broodje kreeg." Zei Isa hoofdschuddend.

"De enige reden waarom jouw woning nog niet is zwartgeblakerd en hij die schroevendraaier tijdens jouw schoonheidsslaapje niet in jouw hoofd stak, is omdat hij je nodig heeft vanwege de omzet van die boerderij."

Nadat ze was uitgesproken viel er een ongemakkelijke stilte in haar woonkamer. Ik had duidelijk te maken met een doorgewinterde psychopaat en dat verontrustte me, want ik was ervan overtuigd dat hij zijn missie voort zou zetten als hij uit het ziekenhuis zou worden ontslagen.

Ik was absoluut niet van plan om ook maar een cent aan

Geert te geven, maar ik wilde ook niet afwachten tot hij mij een nachtelijk bezoekje kwam brengen met een aansteker en een jerrycan vol benzine.

Diezelfde nacht lag ik op mijn rug in bed met mijn handen achter mijn hoofd te kijken naar de schaduwen op het plafond. De stilte in de slaapkamer werd doorbroken door geritsel achter het slaapkamerraam waardoor ik als een geschrokken kat in het gordijn hing.

Toen ik zag dat er een krant over de galerij werd geblazen door de koude winterlucht voelde ik me gerustgesteld, het idee dat ik in mijn slaap verrast kon worden door het kwaad hield me angstig wakker.

Ik realiseerde mezelf dat ik opnieuw met mijn rug tegen de muur stond door een persoon die gekker was dan ik, en was mezelf ervan bewust dat ik drie dingen kon doen om dit probleem op te lossen.

Optie 1, ik kon ervoor kiezen om hem voor te zijn en hem doodschieten voordat hij mij kon pakken.

Optie 2, ik had genoeg geld om mezelf ergens anders te vestigen en onvindbaar te worden voor deze psychopaat of ik kon kiezen voor optie 3, hem gewoon simpelweg betalen.

De eerste en de laatste optie leken mij de minst aantrekkelijke dus besloot ik om te verhuizen naar een ander deel van Nederland.

Diezelfde nacht belde ik Isa om mijn plannen te bespreken. Ze was het direct met me eens.

"Het is wel de beste optie want zodra hij weer op straat staat zal hij je gaan zoeken, daar ben ik van overtuigd" zei ze.

"Wat heb je hier nog te zoeken ? Het is helemaal niet zo gek om ergens heen te gaan waar je compleet anoniem over straat kan." Zei ze zuchtend.

"Ga je met me mee ?" vroeg ik na een korte stilte.

Opnieuw werd het stil aan de andere kant van de lijn, er werd niets gezegd maar we wisten beiden dat ze twijfelde.

"Ja, ik ga met je mee" antwoordde ze twijfelachtig."

"Denk er nog even over na, ik bel je morgenochtend want dit is de laatste nacht die ik in dit huis doorbreng" zei ik vastberaden waarna ik ophing.

In het donker van de slaapkamer zat ik in mijn boxershort op de rand van het bed te staren naar het licht van de digitale wekker op de vensterbank.

Slapen ging toch niet meer lukken dus besloot ik om een warme douche te nemen en wat kleren en persoonlijke bezittingen in te pakken. Toen ik de laatste kleren in een koffer had gedaan begon de zon op te komen, de eerste lichtstralen van de dag gaven de stad een gouden gloed dat weerkaatste op de muren van de woonkamer.

Ik nam een kop koffie en ging op het balkon zitten kijken naar de bebouwde heuvelachtige skyline van Arnhem.

Ik had er zoveel meegemaakt, en zoveel verloren. Diep in mij wilde ik een normaal leven opbouwen maar dat was in de praktijk moeilijk te verwezenlijken.

Een ander deel van mij was verslaafd aan de adrenaline en het geld wat mijn criminele levensstijl met zich meebracht en dat trok me telkens weer terug naar de donkere dieptes van de misdaad.

Een topcrimineel wilde ik nooit zijn, die mensen worden over het algemeen niet ouder dan veertig, en daarbij had ik simpelweg de kwaliteiten niet.

Ik was een simpele straatrat die zoveel mogelijk eten uit een keuken jatte totdat er teveel koks op me joegen waarna ik mijn jachtterrein verplaatste naar een andere keuken.

Tot op de dag van vandaag ben ik van mening dat alles gebeurd met een reden. Ik geloof niet in toeval, dus als er een toekomst met een vrouw en kinderen voor mij was weggelegd dan zou dat vanzelf op mijn pad komen.

Mijn gedachten werden verstoord door mijn mobiele telefoon die als een elektronische parkinson patiënt op het kleine tafeltje naast me begon te trillen.

"Kijk eens naar beneden" zei de stem aan de andere kant van de lijn. Het was Isa.

Nieuwsgierig zette ik mijn koffiekopje op tafel en keek over de rand van het balkon naar beneden. Aan de overkant van de weg stond een vrouw met haar jas open te schudden met haar onbedekte borsten. Omstanders bleven om haar heen staan kijken terwijl ze lachend naar me zwaaide.

"Kom me halen dan !" schreeuwde ze lachend door de telefoon.

"Jij bent echt niet goed bij je hoofd" zei ik lachend waarna ze in haar auto stapte en naar de voorkant van de flat reed.

Nadat ik mijn koffer met kleding en mijn tas met spullen had gepakt opende ik de voordeur en keek voor de laatste keer naar de woonkamer.

Het enigste wat ik zou gaan missen was het uitzicht, daar was ik van overtuigd.

Toen ik voor de laatste keer de flat uit kwam lopen stond de spontane brunette op de parkeerplaats te praten met een huismoeder die ook in de flat woonde. Ik had eerder oppervlakkig met haar gesproken toen ik haar in de lift was tegengekomen en wist dat ze gescheiden was en betalingsproblemen had. Toen ik naar het stel toe liep nam ik voor de laatste keer de woning in gedachten door. Ik had er niets achtergelaten dat als strafbaar kon worden beschouwd, de wapens had ik in de tassen zitten, en het geld van de overval had ik verstopt in de koffer.

"Ga je op vakantie ?" vroeg ze met een vriendelijke glimlach. Door haar kleding en de uitgroei in haar haren zag ze er ietwat verfomfaaid uit, het was duidelijk dat ze weinig geld uitgaf aan haar uiterlijk.
"Nee, vanwege een familiekwestie ga ik verhuizen" antwoordde ik ernstig.
De vriendelijke uitstraling van de vrouw veranderde in een bezorgd gezicht.
"Dat is nooit fijn. Kan ik je misschien ergens mee helpen ?" antwoordde ze terwijl ze mijn schouder vastpakte.
Ik keek van haar hand naar haar gezicht en voelde dat ze oprecht was in haar vraag. Ik keek in haar ogen en voelde sympathie en medeleven, dat moment ben ik nooit vergeten. Deze vrouw had niets en was toch in staat om liefde en begrip te tonen voor anderen, een eigenschap die mij vreemd was. Ik weet tot op de dag van vandaag nog precies hoe haar gezicht eruit zag.
"Ik laat mijn complete inboedel achter, alles wat in mijn huis staat is nu van jou. Ik woon op nummer 326" antwoordde ik terwijl ik mijn hand met de sleutels uitstak.
Twijfelachtig stak ze langzaam een hand uit terwijl ze van Isa naar mij keek.
"Meen je dit serieus ?" vroeg ze.
De emotie in haar gezicht was duidelijk zichtbaar toen ze de sleutels aanpakte en er naar keek.

Ik knikte.

"Je bent veel te goed voor deze wereld" antwoordde ze met tranen in haar ogen. I
k pakte haar hand en sloot haar vingers om de sleutels terwijl ik haar aankeek.

"Nee, zover is het nog niet" antwoordde ik.

Nadat ik in de auto was gestapt en door de achteruitkijkspiegel naar de verbaasde vrouw keek, zuchtte ik.

"Ik heb nog een lange weg te gaan" zei ik tegen Isa.

"Dat klopt" zei ze terwijl ze een paar keer op mijn knie sloeg.

"Ik heb een hotel geboekt in Groningen" vervolgde ze glimlachend. Ik zette de autoradio aan en stak een sigaret op waarna ik het portiersraampje een stukje opendraaide zodat de rook zijn uitweg kon vinden.

"Groningen.. Wat the fuck hebben we daar te zoeken ?" vroeg ik terwijl ik naar buiten keek.

Isa draaide een doorgaande weg op en stopte voor het rode stoplicht waarna ze mijn hand vastpakte.

"Meer dan hier schat" antwoordde ze.

In de weken daarna zag mijn leven eruit alsof ik die God was waar in Frankrijk over werd gepraat. Champagne in bubbelbaden van luxe hoerenhuizen, kleding van de duurste merken en feesten in nachtclubs waren onze enigste levensdoelen. Lijntjes cocaïne snuiven vanaf de buik van biseksuele escorthoertjes en relaxen in hotelkamers waren favoriete bezigheden. Het was een levensstijl waar we ons graag aan hielden. De lente was net aangebroken en ik zat op een avond met Isa onder het genot van een biertje te relaxen in een café in Scheveningen. Net toen ik een slok van het engelenpis wilde nemen werd ik gebeld door Gino.

Hij vertelde me dat zijn neefje uit Rotterdam hem alle informatie had gegeven over de supermarkt waar hij werkte. Mijn portemonnee begon aardig leeg te raken, dus besloot ik om de volgende dag met hem af te spreken.

Isa had een paar dagen voor dat telefoontje een woonstudio gehuurd in het centrum van Den Haag. Daar hadden we onze intrek genomen omdat we vonden dat de privacy in het hotel te wensen overliet. Ook vonden we het geen prettig idee dat er geld en wapens in de hotelkamers lagen terwijl er personeel in en uit kon lopen.

De woonstudio was sober ingericht. Het was een ruimte met een bed, een bankstel en een paar lelijke schilderijen aan de muur, die zij prachtig vond. Meer hadden we ook niet nodig want we waren er nooit.

De ochtend na het telefoontje van mijn Surinaamse vriend werd ik gewekt door een fel licht in mijn gezicht. Ik was meteen klaarwakker en sprong overeind in bed waarbij ik een spiegeltje met cocaïne omstootte waardoor het op de grijze plavuizen vloer viel.

Toen ik besefte dat het felle licht de zon was dat in stralen door de luxaflex voor het raam scheen ging ik weer liggen. Ik was de laatste dagen flink paranoïde en kon al schrikken van pratende mensen voor het raam.

Ik keek naast me en zag Isa op haar buik onder de satijnen lakens liggen. Haar roze nagellak was afgebladerd en ik nam mezelf voor om daar wat van te zeggen zodra ze wakker zou worden.

Nadat ik uit bed was gestapt en met een kop koffie op een kruk naar het nieuws zat te kijken ging mijn mobiele telefoon over. Ik pakte op en hoorde aan de gigantische scheet die de man aan de andere kant liet dat het Danny was.

"Gozer ! hoe is het nou !" schreeuwde de vrolijke rooie aan de andere kant van de lijn terwijl ik Gino op de achtergrond hoorde vloeken over de geur in de ruimte waar ze waren.

"Waar zijn jullie nu ?" vroeg ik. Ik keek op de wekker dat op het nachtkastje bij Isa stond en zag dat het middaguur al gepasseerd was.

"We zijn in Scheveningen en het is koud !! We gaan even een broodje eten in een tentje op de boulevard, ik sms je de naam door als we er zijn" antwoordde hij.

Nadat ik Isa wakker had gemaakt nam ik een douche en binnen een half uur liepen we langs de Noordzee aan de rand van Scheveningen.

"Ik ga shoppen, bel me maar als je klaar bent oké ?" zei Isa toen we het eetcafé naderden waar ik met Danny en Gino had afgesproken.

"Prima" zei ik waarna ik haar een kus gaf.

We wisten beiden dat we elkaar de rest van de dag niet meer gingen zien. Zij ging ongetwijfeld een vriendin bellen waarmee ze ging shoppen en stappen, en ik zou waarschijnlijk aan het einde van de nacht uit een kroeg rollen. Maar zo was de verstandhouding nu eenmaal tussen ons en daar voelden we ons prettig bij. Het kwam soms voor dat ik haar betrapte terwijl ze huilend met haar moeder aan de telefoon zat omdat ze de onzekere levensstijl die ze met mij had helemaal zat was, maar dat waren momenten.

Ik kon haar niet meer uit mijn leven laten gaan, ze wist teveel van me. Ik kon me voorstellen dat de vechtpartijen en criminelen om haar heen haar soms teveel werden, maar ze had zelf voor dat leven gekozen dus vond ik dat ze niet moest zeiken.

Toen ze uit het zicht was verdwenen liep ik het eetcafé in waar ik had afgesproken met mijn vrienden en kreeg meteen een biertje in mijn drukt nadat ik aan het tafeltje was gaan zitten.

"Ik weet alles over die supermarkt, mijn neefje werkt daar en wilt 10 procent voor de tip" begon Gino.
"Als deze goed gaat dan gaat hij vrienden vragen om te solliciteren bij supermarkten, snap je ?" vervolgde hij.
"Met die informatie zijn supermarkten zijn fucking simpel te pakken gozer !" zei Danny terwijl hij met een bierviltje speelde.
"Als dit doorgaat dan ontstaat er een golf aan overvallen op supermarkten, je kan erop wachten dat zoiets een keer fout gaat" zei ik.
"Jullie weten zelf dat de politie de werkwijze van de overvallers gaat vergelijken in hun zoektocht naar de daders. Als we gepakt worden op verdenking van een reeks overvallen weten we dat meneer de rechercheur onze manier van lopen gaat vergelijken met beelden van andere overvallen als we rondjes op de luchtplaats lopen."

"Ze gebruiken camerabeelden om onze lengte te bepalen door de omgeving om ons heen op te meten en ze hebben de technologie om je postuur tot in detail te vergelijken. In korte tijd meerdere overvallen plegen is niet zo makkelijk jongens !" vervolgde ik, en nam een slok van mijn versgetapte biertje.

Ondanks deze argumenten hield Gino voet bij stuk dat het een prima idee was.

"We kiezen een reeks supermarkten uit waar die jongens gaan solliciteren als vakkenvuller. Zodra ze alle drie zijn aangenomen zijn dat meteen onze drie targets en treffen we alle voorbereidingen. Als we de informatie van die jongens krijgen dan kan het bijna niet fout gaan" vervolgde hij.

De vluchtroutes kunnen we alvast voor een groot deel vastleggen bijvoorbeeld."

Toen hij was uitgepraat werd het even stil aan tafel.

"Goed, we kiezen drie locaties uit. Maar eerst doen we die van je neefje om te kijken hoe dat gaat" zei ik.

Nog geen week na dat gesprek zaten Danny en ik gewapend en vermomd verscholen achter een paar containers aan de achterzijde van een supermarkt te wachten tot de eerste werknemer arriveerde. Het was begin Maart 2004 en ijskoud buiten. We bliezen onze adem in onze handschoenen uit omdat we bang waren dat we ontdekt zouden worden door de warme lucht die we uitademden.

Gino stond een wijk verder geparkeerd en zat geduldig te wachten achter het stuur. Rotterdam was wat anders dan een boerendorp dus probeerden we zo onopvallend mogelijk door de wijken heen te lopen toen we naar de supermarkt liepen.

Niet lang nadat we ons achter de vuilcontainers hadden geïnstalleerd hoorden we voetstappen in de aangrenzende steeg. Ik spiekte onder de container door en zag een man aan komen lopen met een fiets aan zijn hand. Volgens het neefje van Gino moest dat de bedrijfsleider zijn.

Nadat hij op de binnenplaats was aangekomen bleef hij even stilstaan om een telefoongesprek af te maken, daarna parkeerde hij de fiets in een fietsenrek en liep naar de deur die toegang gaf tot de supermarkt.

Toen hij de sleutel in het slot had gestoken en de deur had geopend hoorde hij ons achter de vuilcontainers vandaan komen waarop hij geschrokken omkeek en oog in oog stond met twee gemaskerde overvallers. Hij probeerde de deur nog te sluiten maar ik was te snel. Ik trok de deur open en trapte hem vol op zijn borst waarna hij achterover de winkel in viel. Nadat ook Danny naar binnen was gerend sloot ik de deur en trok de man aan zijn kraag omhoog.
"Lopen !" schreeuwde ik.
De man kon al raden waar we voor kwamen want hij nam ons rechtstreeks mee naar het kantoortje waar de kluis stond. In de kleine ruimte stond ook een bureau en een paar archiefkasten die gebruikt werden als opslagplek voor schorten en bedrijfskleding.
Nadat Danny de man had ontdaan van zijn mobiele telefoon bond ik hem vast en legde hem in de kleedruimte naast het kantoortje. We wisten dat het tijdslot van de kluis pas na een half uur open zou gaan, maar we besloten om te vroeger te komen omdat we op die manier alle werknemers konden verrassen en zo minder kans hadden op tegenstand van een groep.
In het half uur dat we moesten wachten pakten we zoveel mogelijk sloffen sigaretten en deden die in de extra grote sporttassen die we hadden meegenomen.
Binnendruppelende werknemers onderschepten we en gaven we dezelfde behandeling als de eerste.

Nadat de kluis van het tijdslot af was namen we de bedrijfsleider mee naar de kluisruimte, hij had de sleutel. In de ruimte dwongen we hem om de kluis te openen waarna we hem de inhoud in onze tassen liet doen. Meteen daarna renden we via dezelfde weg als dat we binnen waren gekomen naar buiten waarna we bij Gino in de vluchtauto stapten. Via een tweede vluchtauto die wij in Dordrecht hadden geparkeerd wisten we te ontkomen naar Den Haag waar we diezelfde avond in de studiokamer de buit verdeelden.

Daarna bespraken we het plan voor de tweede supermarkt uitwerkten.

21

Die avond lag ik aangeschoten van het bier op bed te kijken naar een actiefilm toen ik een gigantische klap bij de voordeur hoorde. Ik was in één klap nuchter en liep met een getrokken vuurwapen naar de hoek van waar ik het geluid had gehoord. Vanaf mijn bed was de voordeur niet zichtbaar, ik moest eerst om een muurtje heen lopen voordat ik kon zien wat mij zo had laten schrikken.

En daar lag ze.

Ze had naar mijn idee nog net de studio weten te bereiken voordat ze laveloos naar binnen was gevallen, op de mat waar normaal de post neerviel. Isa was weer wezen stappen en zag er niet uit. Haar mascara was doorgelopen en haar lippenstift zat overal, behalve op de plek waar het voor bestemd was.

Ik tilde haar op en wilde haar op bed leggen, maar bedacht me toen ik een mengsel van braaksel en alcohol rook.

Ik liep met haar in mijn armen naar de douche en kleedde ons uit. Nadat ik de douche had aangezet legde ik haar eronder en ging naast haar zitten. De warme stralen zorgden ervoor dat ze weer bij haar positieven kwam waarna ze rechtop ging zitten.

Minutenlang waren de stralen water die neerkwamen op de tegels het enigste geluid in de douche, ik sloot mijn ogen en genoot van het moment. Plotseling begon Isa te praten, tegen het gekraak in haar stem kon geen enkele deur op.

"Ik ben dronken hé ?" vroeg ze terwijl ze haar natgeregende hoofd naar me toe slingerde.

Ik knikte met mijn ogen dicht.

"Heb je wat te snuiven ?" vervolgde ze.

Opnieuw knikte ik met mijn ogen dicht.

Ze stond op.

Ik keek omhoog en zag dat haar billen en benen onder de blauwe plekken zaten.

"Wat heb je uitgevreten ?!" vroeg ik.

Ze keek omlaag en wreef over haar benen.

"Ik ben uit een boom in het park geflikkerd" zei ze lachend.

Op het moment dat ze uit de douche wilde stappen verloor ze haar evenwicht waardoor ze met een klap naast me neerkwam.

Ze legde haar hoofd op mijn been.

"Heb je aspirines en melk ?" vroeg ze daarop.

Ik legde mijn hand op haar hoofd.

"Ja dat heb ik moppie" antwoordde ik zuchtend.

De week na de overval zijn we elke dag bezig geweest met het organiseren van de volgende. Twaalf dagen na de eerste supermarkt was alles gereed om de tweede te overvallen. De vluchtauto's stonden weer klaar en we wisten dankzij de informatie die we kregen precies hoe het er binnen in de supermarkt aan toe ging.

Dit keer droegen we steentjes in onze schoenen zodat onze manier van lopen anders werd dan bij de overval ervoor. Ook droegen we meerdere lagen kleding zodat het leek alsof we dikker waren en droegen we pruiken die we expres een beetje onder onze bivakmutsen uit lieten komen om rechercheurs te misleiden. Die tweede overval verliep net zo soepel als die ervoor en voordat ik het in de gaten had lag ik met een fles whisky op bed te vieren dat we succesvol waren weggekomen. In de maanden daarna pleegden we steeds frequenter en professioneler gewapende overvallen op supermarkten.

We waren de drie afgesproken doelwitten allang voorbij en het begon steeds meer een soort van levensstijl te worden waar veel drank en drugs bij gepaard ging.

De maanden vlogen voorbij en we misten geen aflevering van opsporing verzocht omdat we wilden weten hoe ver de politie in het onderzoek zat naar overvallen die wij hadden gepleegd. Als de politie op televisie naar getuigen en tips vraagt dan zitten ze vast in het onderzoek, zo redeneerden we.

Ik had in die tijd een hoop cash geld, dat ik eerst in een koffer onder mijn bed verstopte. Later besloot ik dat in de draagmuur van de woonstudio te verstoppen. Als ik gepakt mocht worden dan hadden ze niet meteen de complete buit in handen en kon ik een goede advocaat betalen.

Om niet te vergeten waar het geld in de muur zat maakte ik een simpel rekensommetje. Mijn lichaamslengte is 180 centimeter. Ik pakte de uiterste rechterhoek bovenin de draagmuur en mat vanaf dat punt een meter naar links, daarna mat ik tachtig centimeter naar beneden.

Op die plek boorde ik een gat met een boor dat ook gebruikt wordt om stopcontactgaten mee te creëren. Daarin verstopte ik een bundel geld dat ik in plastic had verpakt, smeerde het dicht met gips en verfde dat deel van de muur opnieuw met de structuurverf waarmee ik eerder de hele muur had gedaan. Als ik gepakt mocht worden dan moest Isa dat geld gebruiken om mijn advocaat te betalen en me regelmatig geld sturen zodat ik comfortabel kon leven in het staatshotel.

Op een zaterdagavond in augustus stond ik in een kroeg te biljarten toen Danny me belde.

"Hey kerel, we moeten die klus maandag doen, woensdag kan niet" zei hij vrolijk. Ik begreep meteen dat hij de supermarkt in Tiel bedoelde die we op het oog hadden.

"Die Surinamer en ik rijden vanavond naar die streek en pakken er een hotel, we nemen alles mee wat we hebben afgesproken. Alleen die overalls en mutsen liggen nog in Nijmegen, die moeten jullie maar even ophalen oké?" vervolgde hij.

Ik stemde in en bracht Isa op de hoogte van de gewijzigde plannen. Zoals bij elke overval probeerde ik de dag voordat we toe gingen slaan zoveel mogelijk te relaxen zodat ik geconcentreerd en helder na kon denken als we in actie kwamen.

Die zondag reden we naar Arnhem waar we een hotel boekten en een gokje waagden in een casino. Ik vond het fijn om weer in een vertrouwde omgeving rond te lopen, maar was ook wel blij dat ik er meteen weer weg kon als dat nodig was.

In het casino hing een gemoedelijke sfeer en hoewel ik er alleen maar geld verloor vond ik het een geslaagde avond.

Op een gegeven moment zat ik aan de bar toen Isa enthousiast op me af kwam lopen.

"We moeten nu gaan" zei ze zenuwachtig. Haar verwijde puppillen verraadde haar adrenalinegehalte.

"Hoezo, heb je wat geflikt of zo ?" vroeg ik terwijl ik haar naar me toe trok.

"Nee, maar er gaat nu iemand weg die een flink bedrag heeft gecasht !" antwoordde ze terwijl ze me een lichte kopstoot gaf.

Ik begreep de hint en liep samen met haar het casino uit. Het leek ons logisch dat de man met de auto was gekomen dus liepen we meteen naar de nabijgelegen parkeerplaats, daar zagen we de man bij een parkeerautomaat staan.
"Pak de auto en wacht in de straat aan de rechterkant van het casino" fluisterde ik Isa toe. Zij had de auto in een straat achter het casino staan en haastte zich om die te verplaatsen naar de straat die ik bedoelde.

Ik had die avond geen wapens bij me dus pakte ik een halve baksteen van de grond waarmee ik de man zijn mond kon snoeren als hij het waagde om te gaan schreeuwen. Ik keek nog eens goed om me heen.

Het was een vierkante parkeerplaats waarvan de zuid en de oostzijde door de muren van het casino waren omringd, de noord en de westkant waren afgescheiden met stalen hekken. In de westkant van het hek zat de door met slagbomen afgesloten in en uitgang van de parkeerplaats.

Door de zwakke verlichting van de plek kon ik mezelf verdekt opstellen achter de auto's die aan de uitgang grensden.

Ik wilde hem pakken op het moment dat hij zijn uitrijdkaartje in de automaat stopte. Er waren camera's waren gericht op de slagbomen, dus draaide ik mijn colbert binnenstebuiten zodat het leek alsof ik een rode jas aan had. Ook trok ik mijn blouse kapot en bond de helft over mijn neus en mond om herkenning te voorkomen, een ander deel van de blouse hield ik in mijn linkerhand zodat ik geen vingerafdrukken achter zou laten bij het openen van het portier.

Gehurkt tussen twee auto's wachtte ik geduldig tot de auto van de man voor de slagboom stopte, mijn hart klopte als een bezetene en mijn zintuigen werkten op volle toeren.

Als de man stopte moest ik snel zijn en ik hoopte dan ook dat het bijrijderportier niet op slot zat, want dan was mijn kans verkeken.

Rechts van mij hoorde ik achter het hek mensen praten en lachen.

'loop door, loop godverdomme door' dacht ik terwijl ik mijn grip op de baksteen verstevigde.

Tot mijn opluchting liepen ze de ingang van de parkeerplaats voorbij, in de richting van het casino. Kort daarna kwam de man aanrijden. Met een piepende rem stopte de auto rustig voor de slagbomen. Toen de motor stationair begon te draaien sloeg ik toe.

Ik rende zo laag mogelijk bij de grond tussen de auto's door naar de auto van de man en trok aan het bijrijderportier maar de deur ging niet open, het zat op slot !

Meteen daarna kwam ik omhoog en keek in de auto, de man zat met zijn rug naar me toe gedraaid terwijl hij het kaartje in de automaat stopte.

Razendsnel sloeg ik het raampje van het portier kapot waardoor de man zich geschrokken omdraaide. Ik sprong met mijn bovenlichaam door het raam naar binnen en pakte de man bij zijn kraag waarna ik hem een paar keer met de steen op zijn gezicht sloeg. Hij probeerde nog van zich af te slaan, maar ik trok hem naar me toe waardoor hij met zijn rug op de bijrijderstoel kwam te liggen. Daarna sloeg ik hem opnieuw een paar keer met volle kracht met de baksteen op zijn voorhoofd waarna hij roerloos bleef liggen.

Toen zijn weerstand voorbij was haalde ik het slot van het portier en opende het waardoor de man half buiten de auto kwam te hangen. Nadat ik nog een keer om me heen had gekeken begon ik zijn zakken te doorzoeken.

In een soort schoudertas dat hij onder zijn jasje droeg vond ik wat ik zocht, twee dikke enveloppen met cashgeld. Nadat ik de man had ontdaan van zijn tasje en ook zijn gouden horloge had afgepakt rende ik langs de slagbomen het terrein af en sloeg rechtsaf de straat in.

Zo snel als ik kon rende ik om het parkeerterrein heen tot ik op de doorgaande weg uitkwam waar ik Isa heen had gestuurd. Daar stapte ik in haar auto waarna ze met gepaste snelheid opging in het verkeer.

"Heb je hem opgegeten ?" vroeg ze met grote ogen toen ze het bloed op mijn gezicht zag.

"Heb je een plastic tas in de auto ?" vroeg ik terwijl ik mijn gezicht en handen schoonmaakte met de kapotte blouse en een flesje mineraalwater dat in de auto lag.

Nadat ze een tasje onder haar stoel vandaan had gepakt en het aan me had gegeven vroeg ze verder.

"Wat heb je met hem gedaan ?" vroeg ze terwijl ze van de weg naar mij keek.

"Doet dat ertoe dan ?" antwoordde ik geïrriteerd.

Nadat ik mijn bovenkleding in de plastic tas had gestopt trok ik mijn hemd over mijn broek waarna ik onderuitgezakt ging zitten en diep zuchtte.

Ik hoopte dat de man die klappen had overleefd, hij begon zo raar met zijn linkerbeen te trekken toen hij buiten westen was.

Ik pakte het handtasje van Isa, deed het geld en de horloge er in en stopte het tasje van de man bij de bebloede kleding in de plastic tas.

"Ik heb zin in een biertje, ga jij even halen ?" vroeg ik terwijl ik de plastic tas dichtknoopte.

Nadat ze bij een snackbar een paar halve literflessen Heineken had gekocht reden we terug naar het hotel in Arnhem dat we die middag hadden geboekt. Toen we daar aankwamen parkeerden we haar auto op de parkeerplaats en liepen meteen door naar onze kamer waarna we de deur op slot deden en ik mezelf op het comfortabele bed liet vallen….Het was een comfortabele kamer met bad en douche en we hadden uitzicht op de Rijn. Ik bleef een tijdje in het geopende raam naar de stadslichten van Arnhem kijken en nam de plannen voor de volgende ochtend nog eens in gedachten door. De volgende dag zou ik een paar werkoveralls en bivakmutsen ophalen in Nijmegen en daarna doorrijden naar Tiel voor de ontmoeting met Danny en Gino waar ik mee had afgesproken.

Plotseling hoorde ik een gigantische klap vergezeld van het geluid van staal op staal. Ik hoorde sleutels rinkelen en iemand in de verte herhaaldelijk mijn achternaam roepen. Het geluid dat ik hoorde werd steeds duidelijker en ik voelde dat er iemand aan mijn schouder trok.

"Wakker worden vriend, de hulpofficier van justitie is er" hoorde ik een zware mannenstem zeggen.

Ik opende mijn ogen en zag de schaduwen van twee mannen die boven mij uit torenden en de zon op mijn gezicht blokkeerden. Ik herkende de linker man toen ik mijn ogen bij elkaar kneep. Hij had me net een vuurtje gegeven voordat ik mocht luchten. Ik was weer terug op de luchtplaats in het arrestantencomplex van Arnhem.

De klap die de agent van het arrestatieteam me had gegeven had zijn werk gedaan, ik voelde een constante snijdende pijn van mijn kaak naar mijn oogkas trekken toen ik de arrestantenverzorger antwoord gaf.

"Is het een man of een vrouw ?" vroeg ik.

De man begon te glimlachen.

"Het is een man en hij is hetero dus jouw charmes zullen niet helpen ben ik bang" antwoordde hij.

"Verdomme, ik heb echt mijn dag niet vandaag" zei ik kreunend terwijl ik opstond en het stof van mijn broek afklopte.

Toen ik terug naar mijn cel werd gebracht zag ik een man in een slecht zittend pak bij de deur staan.

"In verband met het onderzoek zet ik jou voor de eerste drie dagen in verzekering, je mag alleen contact hebben met je advocaat" zei de man terwijl hij op het papier keek wat hij vasthield.

Na die drie dagen werd ik nog eens 14 dagen in verzekering gesteld, in die periode werd ik intensief verhoord over de overvallen waarvan ik werd verdacht.

Ik besloot me te beroepen op mijn zwijgrecht omdat ik dan in ieder geval nog een kans had om vrij te komen. Ze vroegen naar Danny en Gino, maar ondanks dat het me verbaasde dat hun namen bekend waren verklaarde ik dat ik ze niet kende. Het viel me op dat de recherche opvallend veel informatie tot hun beschikking had en in de weken die volgden kwam ik erachter waar ze dat vandaan haalden.

Na tien dagen op het politiebureau gezeten te hebben werd ik overgeplaatst naar het huis van bewaring in Arnhem Zuid, dezelfde plek waar ik in het verleden eens mocht logeren. Daar vroeg ik via mijn advocaat de stukken op die met mijn zaak te maken hadden. De inhoud van het dossier liet de grond onder mijn voeten wegzakken, en daarmee ook alle hoop die ik nog had om vrij te komen. en

Ik kwam er op die manier achter dat Isa degene was geweest die ervoor had gezorgd dat we gearresteerd gingen worden. Zij zag het leven met mij niet meer zitten en heeft op de avond dat we in het casino waren alles tot in detail aan haar ouders verteld. Zo kwam alles bij de rechercheurs terecht die de gepleegde overvallen onderzochten.

Op het moment dat we het hotel verlieten wist Isa dat we gearresteerd gingen worden, zij heeft precies doorgegeven wanneer we vertrokken en in welke richting we reden zodat het arrestatieteam zich kon positioneren voor onze op handen zijnde arrestatie. Drie maanden na onze arrestatie kwamen de zaken voor de rechter en werd Isa prompt vrijgelaten. Ze heeft daarna een tijdje lekker kunnen leven want van het geld dat ik in de muur had verstopt heb ik geen cent gezien.

Tegen mij werd een gevangenisstraf van zeven jaar geëist voor drie gewapende overvallen waarvan de officier van justitie overtuigd was dat die door mij en twee handlangers waren gepleegd. Deze zware eis had te maken met het feit dat ik in het verleden herhaaldelijk voor geweld was veroordeeld. Voor andere overvallen waar ik eerder van werd verdacht waren onvoldoende aanwijzingen dat ik daar bij betrokken was.

Een paar weken na de eis werd ik veroordeeld tot zes jaar onvoorwaardelijke gevangenisstraf. Begin 2005 werd ik naar P.I Zutphen overgeplaatst waar ik die straf heb uitgezeten. Toen ik er binnenkwam voelde ik me gerust, ik was vastbesloten om aan een nieuw hoofdstuk van mijn leven te beginnen. Ik heb in die jaren veel kleurrijke types leren kennen en heb er ondanks het feit dat we opgesloten zaten veel gelachen. Ik kan me nog herinneren dat ik op een dag koffie zat te drinken bij een kerel op zijn cel toen er een 150 kilo zware, twee meter lange verschijning binnen kwam stappen.

"Doe mij een slok van je koffie" vroeg de man vriendelijk doch dringend aan me.

"Absoluut niet" antwoordde ik terwijl ik in mijn stoel bijna mijn nek verdraaide toen ik omhoog keek om de man aan te kijken.

"Nee ? oke, ik geen koffie, jij ook geen koffie" antwoordde de reus glimlachend waarna hij een gigantische lul uit zijn broek haalde en dat in mijn koffiekopje stopte.

Meteen daarna begon hij te schreeuwen en legde het gevaarte onder een koude straal water in de wasbak. Hij heeft nog zeker een week last gehad van een verbrande penis. Maar hij kon er zelf ook om lachen ondanks het feit dat hij er nog maanden aan werd herinnerd.

Wat ook altijd grappig was om te zien waren de gevangenen tijdens de kerstdagen. In P.I Zutphen wordt met eerste kerstdag altijd bingo gespeeld, gevangenen kunnen er douchepakketten mee winnen of een mand met fruit of iets dergelijks. Als ik dan vanaf de eerste ring naar beneden keek zaten er 45 criminelen netjes op een rijtje aan tafeltjes over een bingovelletje gebogen met een pen in de hand, alsof ze examen zaten te doen. En als er dan iemand had gewonnen was het net alsof het kleine jongetje uit zijn jeugd even door dat robuuste uiterlijk brak en zijn blijdschap uitstraalde naar de rode muren van de gevangenis.

Met drie voormalige medegedetineerden heb ik nog contact en ook zij zijn inmiddels allemaal vrij. Als we elkaar ontmoeten halen we herinneringen op onder het genot van een biertje of genieten we in stilte van het feit dat onze horizon niet door muren wordt geblokkeerd. We hebben elkaar leren kennen in een omgeving waarin vriendschappen uit opportunistisch oogpunt worden gesloten. De ene hand wast de andere, zo zorgden we er met elkaar voor dat de te zitten tijd zo aangenaam mogelijk werd. En ja, Michael, ook al gooide je elke ochtend de halve inhoud van je cel naar mijn hoofd omdat ik je wakker maakte, het is je vergeven ouwe.

Danny, ik kan die valse dwerg papegaai nog herinneren. Hij had dezelfde tirannieke, bloedzuigende houding als jou in dat celletje, de hele afdeling was bang voor dat beest. Ik denk met plezier terug aan zijn hondsdolle acties.

Goran, ik kan me de keren nog herinneren dat we over de luchtplaats liepen met onze zelfgemaakte drank. De kater was dodelijk, maar het was het meer dan waard. Net zoals de macaroni met een bereidingstijd van zes uur.

Maar er zaten ook periodes tussen dat eenzaamheid als een onzichtbare kwelgeest tussen de tralies doorkroop en bezit nam van de stemming in mijn cel. Na mijn veroordeling had ik niemand meer. Er was niemand die buiten op mij wachtte, zogenaamde vrienden gingen verder met hun leven.

Een vrouw of kind had ik niet, dus bleef er niet veel over.

Een brief of kaartje van familie was soms het enige teken van leven van buiten de muren.

Ik was vastbesloten om mijn levenskoers te veranderen.

Door mezelf te verdiepen in psychologie werd relativeren een levenswijze achter tralies, daardoor leerde ik mezelf op een andere manier kennen.

Sindsdien leef ik volgens een aantal zelfopgelegde principes.

Deze principes gebruik ik als leidraad om op de juiste koers te kunnen blijven.

Een nieuw leven

"Wat zijn die broodjes duur, komt die kaas uit Zwitserland of zo ?!" zei ik tegen de verkoopster achter de kassa.
Ze keek naar het versbelegde broodje brie dat ik in mijn handen had en glimlachte.
"Gelukkig kom je hier niet elke dag, althans, daar ga ik vanuit" zei ze terwijl ze de € 4,95 intikte op de ouderwetse kassa dat op de balie stond.
"Nee, laten we hopen van niet, maar ik ben hier niet om treurigere redenen gelukkig" antwoordde ik terwijl ik het broodje aanpakte en de winkel uit liep.

Toen ik even later de lift pakte in het gebouw dat aan het winkeltje grensde besloot ik om mijn dikke trui uit te doen zodra ik op mijn bestemming was aangekomen. Het was midden winter en er lag een flinke pak sneeuw buiten, maar binnen in het gebouw was het verschrikkelijk warm.
"Het is de verwarming niet, het zijn de zenuwen kerel" zei ik tegen mezelf toen ik naar de spiegel in de lift keek.
Kleine zweetdruppeltjes lagen als doorzichtige speldenknopjes op mijn voorhoofd te glanzen in het licht van de TL buis boven me.
Toen ik de lift weer uit stapte zag ik een oude vrouw op een bankje zitten.
Ze huilde.
Naast haar zat een vrouw waarvan ik vermoedde dat het haar dochter was.
"Hij heeft niet geleden, hou jezelf dat maar voor" zei de vrouw terwijl ze de hand van de bejaarde dame streelde.

Ik bleef even naar het stel kijken terwijl ik ze passeerde.

De oude vrouw keek naar me.

"Kan ik je helpen ?" vroeg ze.

Toen pas had ik in de gaten dat ik stil stond en onbeschaamd naar het verdriet van de twee zat te kijken.

"Nee, sorry… Gecondoleerd" antwoordde ik schaapachtig, waarna ik snel door de schuifdeuren naar de gigantische galerij van het complex liep.

Eenmaal aangekomen bij de kamer waar ik moest zijn keek ik op het naambordje op de deur. **Mevr Smith. 13-09-1983.**
Toen ik eenmaal binnen was hoorde ik een douche stromen.

"Ik ben hier schat !" schreeuwde een stem vanuit de ruimte waar ik het watergekletter vandaan hoorde komen.

Ik deed de deur open, en daar zat ze. Hoogzwanger, op een krukje onder de douche.

"Ik wist niet dat ziekenhuiswinkels zulke woekerprijzen hanteerden?!" zei ik terwijl ik de plasticfolie van het broodje haalde.

"Heb je zelf niets gekocht?" vroeg ze terwijl ze het broodje aanpakte en er een flinke hap van nam.

Ik gaf geen antwoord en bleef even naar haar staan kijken terwijl ze haar broodje brie onder de douche op at.

Ik leerde Angel en haar kinderen kennen toen ik via een resocialisatietraject in Almere terecht was gekomen. Ondanks het feit dat ze pas 24 was had ze al drie kinderen. Uiteraard heb ik gevraagd hoe ze aan die legkiphobby was gekomen. Ze bleek vrijwel immuun te zijn voor iedere vorm van anticonceptie. Dat in combinatie met principiële bezwaren tegen abortus maakte dat ze op deze leeftijd al zorgde voor drie kinderen. Het feit dat ze kinderen had was voor mij geen bezwaar, al moest ik wel wennen aan de drukte en verantwoordelijkheden waar ik mee te maken kreeg.

Ik had plotseling drie kinderen onder mijn hoede, en heb aan het begin van onze relatie mijn twijfels gehad natuurlijk.

Het is een mooie slanke meid van Indisch/Engelse afkomst. Ze heeft een karakter dat naadloos aansluit bij de mijne, dus vond ik het gevoelsmatig vanzelfsprekend dat ik met haar verder ging.

"Hoe staat het met de weeën?" vroeg ik.

"Die zijn plotseling opgehouden"

"Heeft hij er toch maar geen zin in?"

"Nee, ik hoorde de stem van een verloskundige waar ik een verschrikkelijke hekel aan heb. Toen ze de kamer in kwam lopen hielden de weeën op" antwoordde ze lachend.

Toen ze klaar was met douchen hielp ik haar met afdrogen en begeleidde haar terug naar haar ziekenhuisbed. Daarna was het wachten op de komst van mijn eerste zoontje.

Uren later en tien Donald Duck strips verder besloot hij om op de wereld te komen.

Ik hoorde altijd van mensen dat de geboorte van je kind iets bijzonders is, maar ik vond het echt vreemd om een hoofd uit de heilige grot van mijn vriendin te zien verschijnen.

Toen hij eenmaal op de buik van Angel lag te krijsen en ik zijn navelstreng had doorgeknipt besefte ik dat het wachten voorbij was.

Mikey was geboren.

Toen ik de baby in het eerste uur eens goed bekeek dacht ik dat ze was vreemdgegaan.

Hij had kleine krulletjes, een platte neus en dikke lippen. 'Is ze vreemdgegaan met een albino neger of zo?' waren één van de eerste gedachtes die door me heen gingen terwijl ik Mikey onderzoekend bekeek terwijl hij op de buik van zijn moeder lag uit te rusten.

Ontwetend als ik was wist ik niet dat een babyhoofdje enigszins vervormd is als het wordt geboren. Ik had nog nooit een kind geboren zien worden en ging er vanuit dat pasgeboren baby's eruit zien zoals je ze altijd ziet in pamper reclames.

Inmiddels is hij drie jaar oud.

Het krijgen van een kind heeft me veranderd. Voor het eerst in mijn leven loopt er iemand op de wereld rond waar ik zonder twijfel mijn leven voor zou geven. Door zijn geboorte ben ik emoties gaan ervaren die ik nooit eerder voelde en ben ik menselijker geworden.

Na al die jaren in de criminaliteit had ik de hoop op een zorgeloze toekomst bijna opgegeven, Angel gaf mij die toekomst.

Door zijn geboorte werd ik opnieuw geboren.
Door zijn leven kreeg ik een nieuw leven.
Een tweede kans.

Ik moet er niet aan denken dat mijn verleden mij inhaalt en mijn gezin schade toebrengt. Al zou het een soort van karma zijn als dat wel zou gebeuren. Ik heb de levens van veel mensen negatief beïnvloed en die mensen misschien ook wel voor het leven getekend.
Ik kan helaas niets terugdraaien.

Elke dag word ik geconfronteerd met de nasleep van mijn criminele verleden. Ik heb nog steeds last van nachtmerries en vertrouw mensen niet. Als ik in een openbare gelegenheid zit dan doe ik dat het liefste met mijn gezicht naar de deur. Maar dat is de prijs die ik moet betalen denk ik.

De jaren verstrijken en langzaam maar zeker begin ik mijn plek in dit leven te vinden, gesterkt door het rotsvaste vertrouwen van mijn vriendin. Ik gebruik mijn ervaringen uit het verleden als leidraad om mijn kinderen op te voeden. Inlevingsvermogen, respect, sympathie en vooral kracht zijn de kernwoorden die ik ze bij wil brengen. Ze moeten de donkere paden die ik heb bewandeld vermijden.

Ik leef inmiddels een teruggetrokken bestaan in Almere en kan mezelf gelukkig noemen. Ik heb eindelijk datgene waar ik jarenlang naar verlangde. Er zijn momenten dat donkere herinneringen als mistige wolken bezit nemen van mijn gedachten. Maar dan zie ik mijn kinderen spelen en mijn vriendin lachen. Dan weet ik dat het voorbij is, en besef ik dat ik een nieuw leven heb.

Ieder mens komt kruispunten in het leven tegen. Hoe wil jij herinnerd worden als je dood bent?

Dankwoord

Mijn leven zoals het er nu uitziet was nooit mogelijk geworden zonder de mensen die mij hielpen om het mogelijk te maken.

Angel Smith -
Mijn vrouw en beste vriendin. Zij is er onvoorwaardelijk voor me en steunt me vol overgave in alles wat ik doe. Dankzij haar psychologische steun kon ik dit boek tot stand brengen, ook al ging dat niet zonder slag of stoot. Ik hou van je.

Jos Smit en Jane Smith -
De ouders van Angel die mij ondanks mijn heftige verleden een kans gaven, en mij bij hun dochter vertrouwden.

De familie Smith -
Ik dank jullie voor mijn plek in jullie familie.

De familie Pelupessy -
Ook jullie dank ik voor het begrip en Gods zegen, en voor het lekkere eten van Sempoerna Catering in Soest natuurlijk !

Janto Muljokarno -
Jou moest ik gewoon noemen lelijkerd, ook jij hebt mij nooit veroordeeld en me geaccepteerd om wie ik ben.

Goran Mujkanovic, Danny Kruize en Michael Koning -
Ontmoet achter tralies, vrienden in vrijheid.

Stichting Exodus Amsterdam -
De plek waar ik mijn resocialisatietraject heb doorlopen, dankzij de mensen die persoonlijk bij mij waren betrokken heb ik mezelf kunnen ontwikkelen en heb ik mezelf kunnen

voorbereiden op de toekomst.
Hierbij noem ik Wessel van Ijken en Alex Speijer bij naam, bedankt kerels.

Verder bedank ik iedereen die ons bijstond en bijstaat in moeilijke tijden, jullie zijn echte vrienden.

Sabine en Richard Visser hebben in deze rol een speciale plek.